PREFACIO

Tuve la suerte de poder colaborar con Luis Armando como productora en varias de sus obras, lo que fue una inmensa escuela, placer, y recuerdos de tantas bellas personas y experiencias…

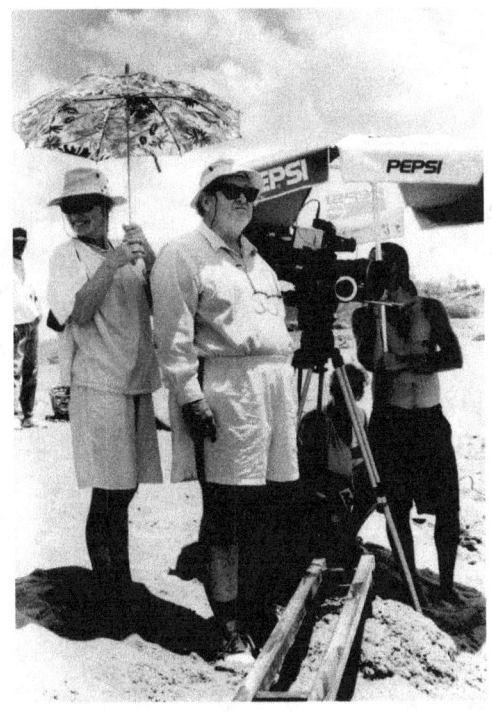

Marie-Françoise Barré de Roche

EXCELENT!

(A) LA PRIMERA PARTE

Un delicioso delirio verbal sobre imágenes, asociación de ideas, saltos de la memoria, creación de divina locura, el todo mezclado, "¡verdadero Tutti Frutti fosforescente a la Luis Armando Roche !"

Lo que sigue está en la página

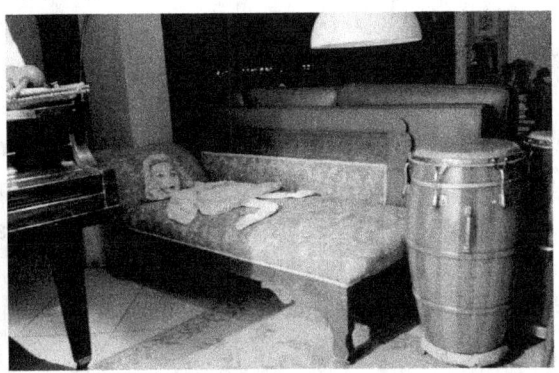

Si no es una cosa es … la mamá… decía el siquiatra

Mucho se habla, pero poco se sabe, a menos que uno personalmente haya participado en "divanes de casting" para una película o teatro.

Conocí a un asistente de dirección de 21 años, español, madrileño, **"Rodolfo El que sabe todo", y a un asistente de fotografía de 20 años que llaman "Ojo de Lince, Usnavy Escalante"**, igualmente de la Madre Patria del pueblo hermoso del Rocío en Andalucía.

Ellos "montaron" su propio negocio en función de una película de largometraje española filmada en Venezuela dónde trabajaban su arte.

Así funciona su deliciosa y perversa invención.

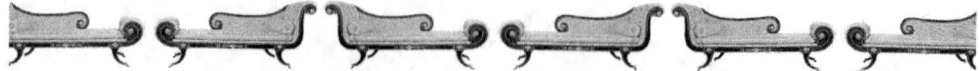

Cerca del set de cine hay un cuartico pequeño, pero con puerta y llave, que contiene, una mesa con dos sillas… y un diván. Los técnicos, "**El que sabe todo**" y "**Ojo de Lince**" convocan a "casting" a hermosas jóvenes que buscan trabajo como actrices. Al llegar al "**Sanctorum Cinematográfico**", como anuncia un aviso sobre la puerta, los asistentes les dan a las niñas un texto que ellos mismos escribieron y que está lleno de escenas obscenas. Los dos jóvenes técnicos aseguran que hay que actuarlas con "**pasión**", "**de adentro para afuera**" como dice **Stanislawski** para que puedan ser consideradas para el rol. Al primer momento las actrices leen el texto y muestran desconcierto, sorpresa y pena. Los "**rascabuchadores**", comienzan a "dirigirlas", tocarlas, a besarlas… y poco a poco, o "se van calentando", como se dice popularmente, o las inhibiciones de las dos jóvenes y potenciales actrices son menores que sus ganas de "**estar en cine**", (¿) aunque han podido "**quedar en cinta**". Las dos niñas se van preparando para ser "**dirigidas**" por los dos vagabundos. "El que sabe todo" hace el papel del director, y "**Ojo de Lince**" del director de fotografía.

¿Cómo va cambiando lo que comenzó como una natural sesión de casting? Una de las muchachitas "recalentadita" está ya totalmente dispuesta de llegar hasta el coito… La otra la observa y decide hacer lo mismo para no quedarse atrás. Los técnicos le piden que jadeen y griten, como generalmente lo hacen los actores y actrices en las telenovelas…

Termina la sesión y los jóvenes le comentan a las posibles actrices "**Muy bien. Dejen su teléfono, las llamaremos**"… y así continúa el interminable diván de casting con otras múltiples jovenzuelas esperanzadas… en manos de bandidos para los cuales el mejor cine es el "**recalentado**"…

á bientot.

DIVAN 2

Hay divanes y divanes: dónde uno se desvanece, y dónde uno dice secretos personales a su analista. Estos misterios se encuentran encerrados dentro del periplo craneano, y solamente se sueltan a través de un diván.

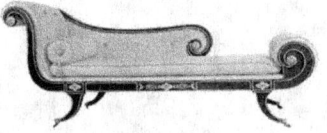

Hay divanes que parecen lanchas y que se menean según el movimiento del mar que pueden ser simplemente espejismos irreales productos de una mente marinera. Recomendaría que a estos los llamaran "**Ritmo D´Accord**" ya que el mar no se combate, sino hay que encontrarle su propio ritmo, y confundirse dentro de lo que el propone.

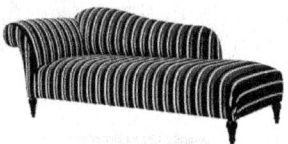

Hay otros que son eléctricos y sirven para masajes del cuerpo. Algunos son 110 voltios (US) y otros 220 voltios...(EU) ojo peláo... Hay que meter el dedo... Es indispensable "tener espalda", para este tipo de diván, y poseer buena digestión como para el diván "del mar"...

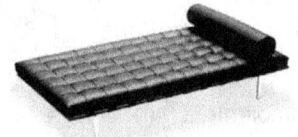

Bye, bye!

PUERTAS

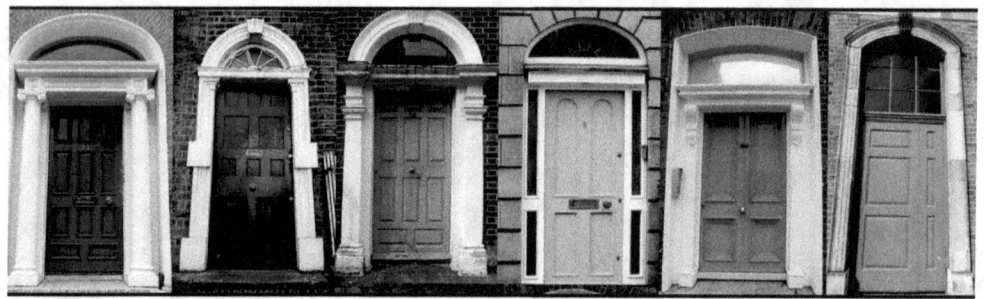

Hay un dicho que considero falso. "**Una puerta debe estar cerrada o abierta**" **(Une porte doit est ouverte oú fermée)**. Esta frase está tomada de una pieza del escritor teatral francés Pierre de Marivaux que hizo famoso el "maurivaudage"... una especie de enamoramiento metafísico.

Se realizó una película de largometraje, llamada en inglés **"The Triumph of Love"** *(Le Triomphe de l´Amour)*, dirigida por Clare Peploe en 2001, con Mira Sorvino, Ben Kingsley, etc.

Estoy convencido que una puerta puede estar a la vez, abierta y cerrada... SIEMPRE.

"Puerta de aire" del arquitecto francés, nacido en Suiza, Yves Klein. **"Le Vide"** - **"El Vacío"**. Término que Klein utilizó para indicar el uso de la inmaterialidad. En sus planos arquitectónicos que conocí en París el 1961, las puertas eran hechas de aire comprimido que no dejaba pasar lluvia o los insectos, pero si una persona queriendo ir de un ambiente a otro.

Partes "arquitectónicamente serias" de una puerta:

Dintel pieza horizontal superior, que soporta el techo como trabe y está construida con los mismos materiales que la casa permitiendo un hueco para una puerta o una ventana.

Faldón pieza fabricada de diferentes materiales generalmente similares a los utilizados al construir una puerta que se pone abajo del dintel.

Antepecho uso por algunos instaladores de puertas para referirse al jambaje.

Jambas son la piezas laterales en el marco de una puerta.

Mochetas piezas laterales en el marco de una puerta construidas con el mismo material del edificio.

Jambaje Se llama jambaje el faldón y a las jambas en conjunto.

Umbral parte inferior contrapuesta a dintel, en una puerta.

Alfeizar parte lateral del muro por dónde se descubre el grueso del mismo.

Portada Tímpano, el espacio que media entre el dintel y el arco en la portada.

Vano hueco hecho en el muro para colocar una puerta.

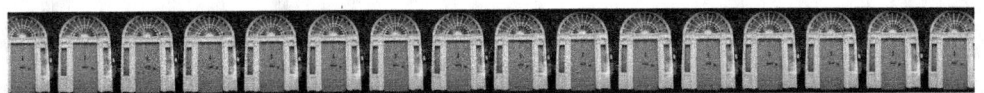

Partes "arquitectónicamente serias" de una puerta:

Dintel pieza horizontal superior, que soporta el techo como trabe y está construida con los mismos materiales que la casa permitiendo un hueco para una puerta o una ventana.

Faldón pieza fabricada de diferentes materiales generalmente similares a los utilizados al construir una puerta que se pone abajo del dintel.

Antepecho uso por algunos instaladores de puertas para referirse al   jambaje.

Jambas son la piezas laterales en el marco de una puerta.

Mochetas piezas laterales en el marco de una puerta construidas con el mismo material del edificio.

Jambaje Se llama jambaje el faldón y a las jambas en conjunto.

Umbral parte inferior contrapuesta a dintel, en una puerta.

Alfeizar parte lateral del muro por dónde se descubre el grueso del mismo.

Portada Tímpano, el espacio que media entre el dintel y el arco en la   portada.

Vano hueco hecho en el muro para colocar una puerta.

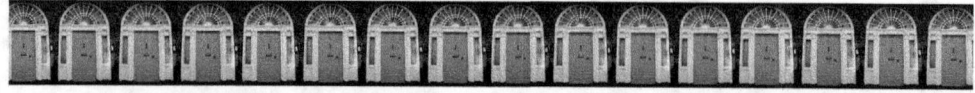

Ahora a gozar con las palabras.

Dintel puede ser un afiliado a Digitel!

Faldón la falda de una gorda.

Antepecho lo que está frente a un bello pechón, y no es de paloma sino de una bella dama.

Jambas algo de jamón o de gambas…

Mochetas ¿serán muchachitas usadas?

Jambaje jugar con el jamón de arriba.

Umbral las vacas también tiene ubres y rumean, varias veces, con los varios estómagos… y pueden venir de Umbría.

Alfeízar ¿Afeitan a algún peludo y/o posiblemente guerrillero?

Portada Coño, una portada para mi siempre es la portada de un libro o de una revista…

Vano ¿mano que eso de vano, será una mano operada del síndrome del túnel carpiano?

y sigue… y nos solo con puertas, sino ventanas…

VENTANAS:

Son para ver el Ávila o el mar abierto... Nosotros hemos conocido el mar bravo, el mar atlántico y el mar pacífico, que de pacífico no tiene nada. El Ávila lo vemos desde nuestras ventanas cuando reverdece o cuando se quema. A través de las ventanas nos llega una brisa del este o un olor bueno o malo. Escuchamos los gritos del amolador y la musiquita del vendedor de helados. Los cantos y bailes de la vecina de abajo y las motos de su maridito. La voz de un niño que quiere a su abuela. La puerta eléctrica que se abre y se cierra. El carro de Fafá que llega. Le mandamos un grito de bienvenida por la ventana. Oh, oh! Hola ¿Qué tal?

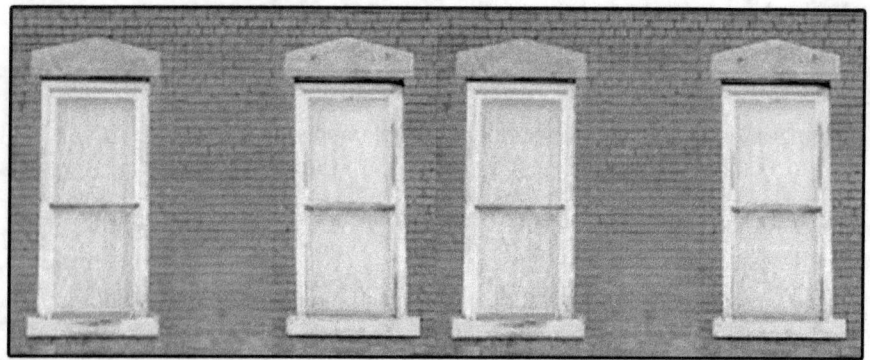

Ah, vous aussi! Sois sage oú le contraire...

BANDIDOS

¿Qué es un bandido? Un bandido es un ser que es **¿más BAN que DIDOS**?

Claro, Bandidos hay muchos, y sobretodo en política, y en todos los tiempos.

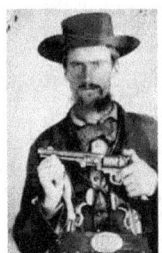 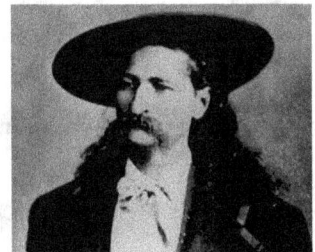 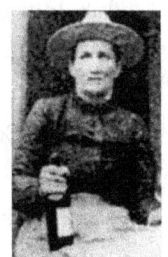

En 1938 se filmó una película en Caracas, Venezuela, que se llama "BANDIDOS DE AGUA DULCE". Esta es casera, filmada originalmente en 16mm en blanco y negro, y dirigida por Luis Alberto Roche Jacquin. En febrero de 2016 fue sonorizada por su hijo **Luis Armando Roche Dugand** y por **Leonardo Brown**..

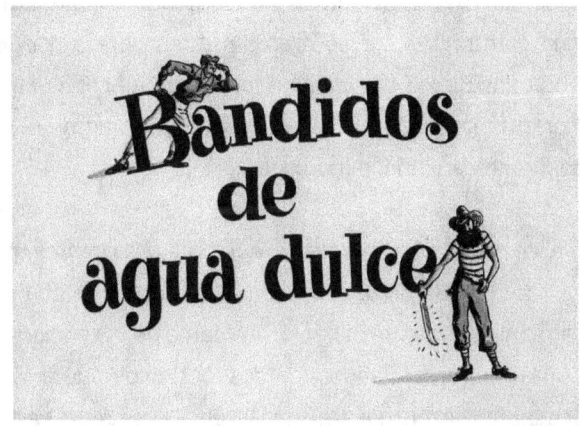

Bandidos en películas fueron muchas, entre otras: **"Time Bandits"** de 1981 co-escrita y dirigida por Terry Gilliam. Una mejicana de 1965 que se llamó **"Los Bandidos de Río Frío"**. Otra película que se llamó **"Bandidas"** (se fijan que los bandidos son de todo sexo) de 2006, dirigida por los directores noruegos **Joachim Roenningberg** y Espen Sandberg, y protagonizada por Penélope Cruz (María Álvarez) y Salma Hajek (Sara Sandoval).

Una canción igualmente se llamó "Bandidos" compuesta por **Raúl Orellana** y **Jaime Stinus** que representó a España de el Festival de la Canción de Eurovisión.

El "Rogue Software" es un tipo de programa informático malintencionado.

La palabra Bandidos se ha utilizado mucho en protestas públicas.

Jacques Offenbach escribió en 1869 una ópera bouffe que se llamó "**Les Brigands**" (**Los Bandidos**) y que estrenó en el **Théâtre des Variétés** de París el 10 de diciembre de 1969. Su libretista fue **Halévy** y **Mailhac**.

Los bandidos sociales eran individuos que vivían en los bordes de las sociedades rurales, del robo y el saqueo, y que frecuentemente eran vistos por la gente común como héroes o señales de la resistencia popular. Ejemplo Robin Hood. El bandidismo social es un fenómeno ampliamente difundido y conocido en gran número de sociedades, y algunos argumentan que aún existe en áreas remotas y en los mares.

Corsarios. Este era el nombre que se le daba a navegantes que, en virtud del permiso concedido por un gobierno en una carta de marca o patente de corso, capturaban y saqueaban el tráfico mercante de las naciones enemigas de ese gobierno. El más famoso de los corsarios fué Francis Drake. Igualmente el español "**Amaro Pargo**", los franceses "**Jean Lafitte**" y y "**Surcouf**". "**Juan Bautista Azopardo**" de Argentina, "**Renato Beluche**" y "**Giovanni Bianchi**" de Venezuela, "**Luis Aury**" (Francia -Venezuela), "**Luis Brion**" (Holanda -Venezuela) y muchos más.

Piratas y bucaneros. La piratería es una práctica de saqueo o bandolerismo marítimo. "La Ruta de las Indias" era explotado por los que llamaban Lobos de Mar. Los bucaneros se quedan con todo el botín. Los más conocidos fueron "**Henry Morgan**", "**Jean David François de Nau**" llamado "**El Olanés**", "**Michel de Grammont**", el holandés "**Laurens de Graff**".

Los peores asaltos fueron, en Maracaibo, Venezuela por "El Olanés, Veracruz, Méjico por "**Grammont**" y "**Lorencillo**", y Puerto Bello (XXX) por **Morgan**.

Uno de los ingleses más pintorescos fue "**Sir Walter Raleigh**" quien buscaba **El Dorado** por el Río Orinoco y quien fue condenado a muerte. Sufrió suplicio y decapitado en 1618. También buscaba facilitar a la Reina de Inglaterra para cruzar sobre una acequia pisando su capa. Muy elegante… pero a pesar de todo lo degollaron.

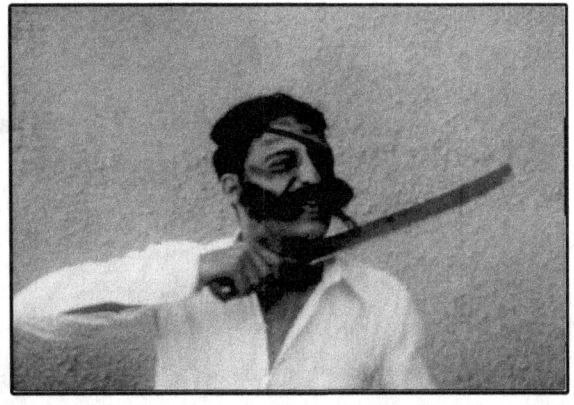

"¡Off with his head, said the Red Queen!"

¿SERÉ O NO SERÉ IRLANDÉS?

"Ser o no pertenecer a algún sitio…" (Dr. Marcel Roche).

Siempre pensamos que nuestra familia Roche venía del sur de Francia, de Bordeaux particularmente. A Marcel, mi hermano, eso le interesaba mucho.

Limerick. Situado en la desembocadura del río Shannon, 195 kilómetros de Dublin. Provincia de Munster, condado de Limerick. Fundada en 812 por los daneses. Es conocido por la gran batalla de Limerick en 1691 el último punto de resistencia de Jaime II en la batalla para recuperar el trono de Inglaterra.

Cork. La segunda ciudad más grande de Irlanda, situada en la desembocadura del río Lee y el Mar Céltico. El nombre de la ciudad proviene del gran pantano de Munster. En la ciudad hay asentamientos de la época prehistórica. En 914 los vikingos lograron conquistar grandes partes de Irlanda. En 1171, el rey de Munster – Dermot MacCarthy reconoció la soberanía de Henry II Plantagenet, rey de Inglaterra.

En el siglo 17 Cork se tornó en puerto comercial con que vendía a Bristol y a Bordeaux. La más importante exportación era la carne de res y la mantequilla.

Uso de Roche.
En el Perú, a mediados del siglo veinte, era frecuente el uso de la palabra "roche" (verbo arochar), haciendo referencia a las actividades de acusar, acosar y avergonzar a alguna persona o institución. Esta palabra, impide que en el uso cotidiano se emplee la palabra escrache. Popularmente, se

decía: "se le puede arochar" o "hay que hacerle roche", para intentar desenmascarar y abatir la insensibilidad de alguien que pretendía no mostrar vergüenza por haber efectuado alguna acción equivocada o controversial.

Algunos usos de Roche.

Lóbulo de Roche, región del espacio cercano a las estrellas binarias.

Límite de Roche, región del espacio afectado por la fuerza de la marea.

Roche, comuna del cantón de Vaud, Suiza.

Rochelero, un Roche jodedor, y que se la pasa con una Rochelera.

Variantes.

Dicen que Roach es una variante de Roche, un apellido de origen normando, procedente de las primeras invasiones anglonormandas en el siglo 12. Siglos después, los descendientes de los primeros Roche irlandeses se implicaron en las rebeliones contra el dominio inglés. Instalado inicialmente en el condado de Wexford en el extremos de la costa sudoriental de la isla de Irlanda, en la provincia de Leinster. Este apellido en sus diversas variantes se ha extendido por toda Irlanda.

Roche en Cork.

Conocimos Roche taxista, Roche fotógrafo, Roche dueño de venta de vinos en el mercado… y muchos más.

Pueblo de Roche traducido en irlandés en srádbhaile Roche.

Detalles del libro "Rebeldes de Irlanda" de Edward Rutherford.

"Tras la época de la Reforma y de la Contrarreforma, el curso de Irlanda se alterará por la aparición de un personaje clave en la historia de Europa: Oliver Cromwell. La llegada del militar al poder y su campaña en Irlanda marcan el sitio de una época caracterizada por la hegemonía de los protestantes, que relegará a los católicos a ser ciudadanos de segunda clase. El descubrimiento del Nuevo Mundo, la conmoción producida por la Revolución francesa, la crisis de la papa o la aparición del Sinn Fin son otros episodios de la convulsa historia de Irlanda que se abordan en esta novela, que muestra el devenir cotidiano del pueblo. Todo esto protagonizado por anóni-

anónimos personajes que interactúan de igual a igual con algunos protago-
nistas de la cara visible de la historia, como Carlos I de Inglaterra, Jonathan
Swift, James Joyce o W.B. Yeats." (©Roca Editorial, Abril 2016.)
Otros Roche en diferentes localidades (sin ser todos...)

Roche Bros. Barrel & Drum Co. Esta compañía localizada en Lowell, Massa-
chussets tiene una larga historia de reacondicionar toneles de plástico y de
acero. También existe Roche Manufacturing que producen toneles de
acero.

Hoffmann – La Roche laboratorios internacionales.

y finalmente

Los hermanos Roche (Alonso Roche chef y co-dueño de Bold Bite, y Álvaro
Roche, co-dueño de Bold Bite y diseñador de moda), en Bethesda, Maryland y Washington, D.C.

See you in a Cork pub and we can discuss further matters...

ROBA CORAZÓN

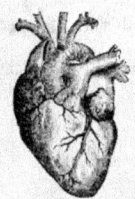 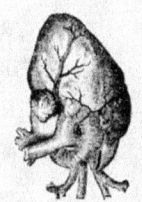 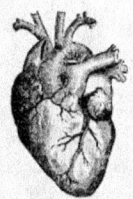 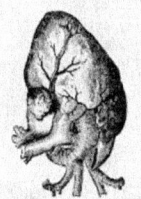

El que roba, es por necesidad o por corrupción. Los corazones son bombas o filtros de sangre, o a veces, algo romántico. Lo primero es un   colador que sirve para continuar la vida de un ser y la segunda amplia los sentidos y busca el "amor"..

"Necesidad" es lo que tienen las personas sanas que saben administrarse, pero que necesitan algo que no poseen en este mundo descompuesto. Es algo completamente válido porque cualquier sociedad está en el deber de proporcionar el derecho de comer, de estudiar, y de vivir en paz..

"Corrupción" es lo que hacen los que no saben trabajar, que quieren dinero rápido y poder, lo que generalmente son políticos. En este último caso los astutos dirigentes gritan, hablan más duro que los demás, y   siempre consideran que tienen razón, sin que nadie pueda asegurarlo.   Corrupción es algo "corrompido" o "podrido". Tenemos que formar una "Federación de Zamuros Anti-Políticos" que se coman la "carroña infame" que queda de los políticos putrefactos.

"Corazones", palabra utilizada con múltiples sentidos. Generalmente se une a un gesto con que la persona se cubre el sitio dónde se encuentra la bomba interna y también canta el himno nacional. Los boleros lo usan en forma cursi y repetidas. "**Corazón**" – Los 3 diamantes, "**Corazón a   cora-zón**"- Gregorio Barrios, "**Corazón de Dios**" – Leo Marini, "**Corazón Negro**" – Jhonny Albino y su T.S.J., "**Corazón Sin Puerto**" – Nelson Pinedo, "**No se si es Amor**" cantado por el dúo sueco Roxette en 1996 en el álbum Baladas en Español que igualmente se utilizó en la banda sonora de la película "**Pretty Woman**", obteniendo la más alta posición en el 100 Hot de los Estados Unidos.

Y mi propio bolero,

"Mi corazón mío es tuyo!".
"Es mío y es tuyo,
El tuyo es mío y tuyo,
No me aprietes que me duele el á
y también mi médula
del hueso de abajo...
Mi órgano llora,
y sangra, y gime…
Mi corazón mío es tuyo".

Romántico es algo que no tiene que ver con Roma, pero si con un   sentimiento idealizado y superior a lo físico. También existe el amor   platónico, que no tiene tampoco que ver con un plato sino con Platón. **Tristan e Isolda** es un mito de amor romántico que empleo el pintor Denis de Rouguemont, y el músico **Ricardo Wagner**, quien irónicamente, murió de un infarto al miocardio.

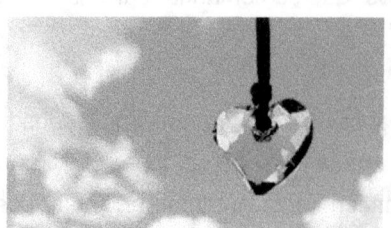

Amor es algo muy rebuscado por los que escriben y los que cantan y los que aman al amor. **Eros** el Dios Griego del amor, así como **Cupido** es el Dios Romano. También existe un asteroide que se llama 121 Amor. Fue descubierto el 12 de marzo de 1932 por **Eugéne Joseph Delporte** en Uccle.

"**Roba corazón**" es el nombre que se le da a un peinado que se asemeja a un gancho… ¿será para enganchar a un posible compañero?

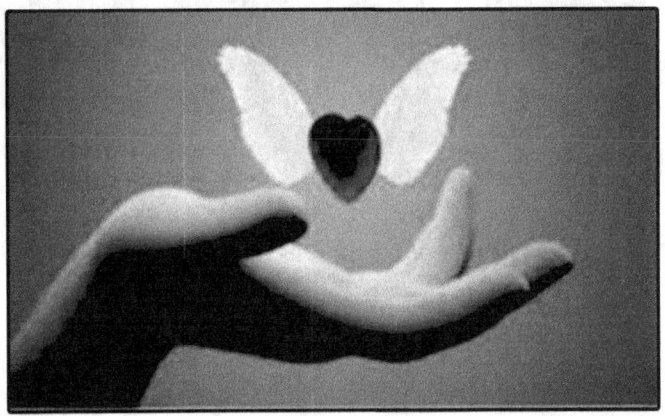

SI, SEÑOR o MADAME…

SHAKESPEARE

To be or not to be… algo que susurra interiormente Hamlet y que ocupa la transición de la filosofía de la época del Bardo a la nuestra…¿Quién sería yo si no hubiese visto sus piezas o leído sus poemas? ¡Alguien incompletamente diferente e inconcluso!

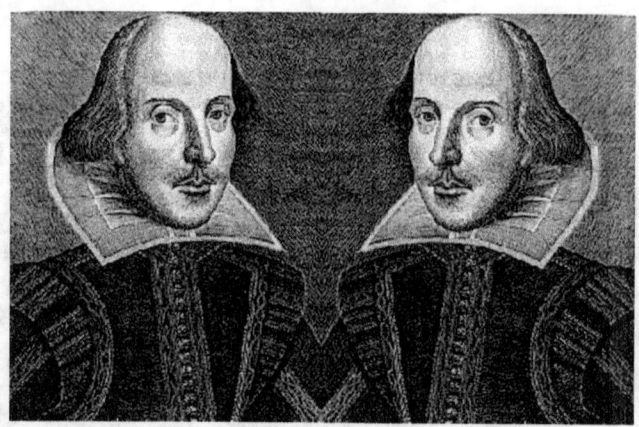

El Bardo supo llegar sus emociones a un gran público que se asustó, cantó y gozó su universo. Los personajes de sus obras son mayores que el común: enfermos, reyes, músicos, bufones, políticos y soldados… El ser humano necesita ver y escuchar los demonios que merodean la tierra..

William Shakesperare (nació en Stratford-on-Avon, Inglaterra. el 26 de abril de 1564). Es conocido como dramaturgo, poeta y actor inglés. Lo llamaban el Bardo de Avon. Shakespeare es considerado uno de los escritores más importantes de la lengua inglesa e universal.

Jorge Luis Borges, el poeta y autor argentino dice "Shakespeare es el menos inglés de los poetas de Inglaterra, comparado con **Robert Frost** (US), **William Wordsworth, Samuel Johnson, Chaucer** (UK) y con los desconocidos que escribieron y cantaron las elegías, el es casi un extranjero. Inglaterra es la patria del **understatement**, de la reticencia bien educada. La hipérbole, el exceso y el esplendor son típicos de Shakespeare."

En el siglo 19, George Bernard Shaw denominó "**bardo latría**", el trato que le dieron al Bardo.

William fue hijo de **John Shakespeare**, comerciante exitoso y **Mary Arden**. Cuando tenía 18 años, el 23 de noviembre de 1582 se casó con **Anne Hathaway** de 23 años, quien se encontraba embarazada. La pareja tuvo dos hijas, **Susanna**, **Judith** y un hijo **Hamnet**. El niño murió a los 11 años. Algunos críticos han sostenido que la muerte de su hijo pudo haber inspirado a Shakespeare para escribir su tragedia **Hamlet**..

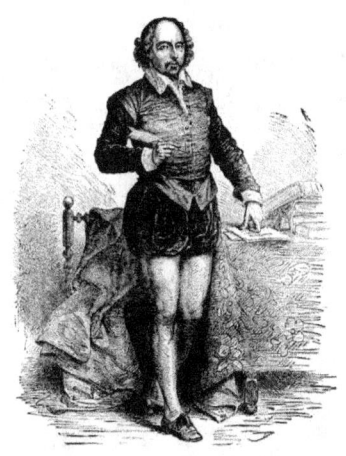
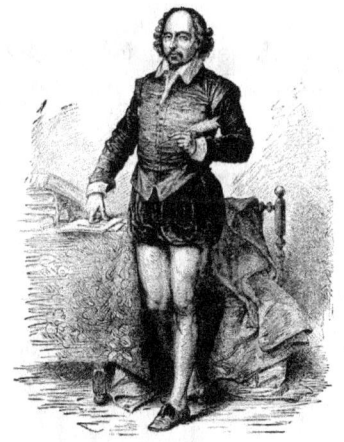

William tuvo cuantioso éxito con sus obras y pudo comprar una segunda casa cerca del teatro de **Blackfriars** en Londres. En esa época hubo un incendio en el **Globe Theater**, y con el, desaparecieron algunos de los manuscritos del dramaturgo, junto con la obra **Cardenio**, inspirado en **Don Quijote de la Mancha**.

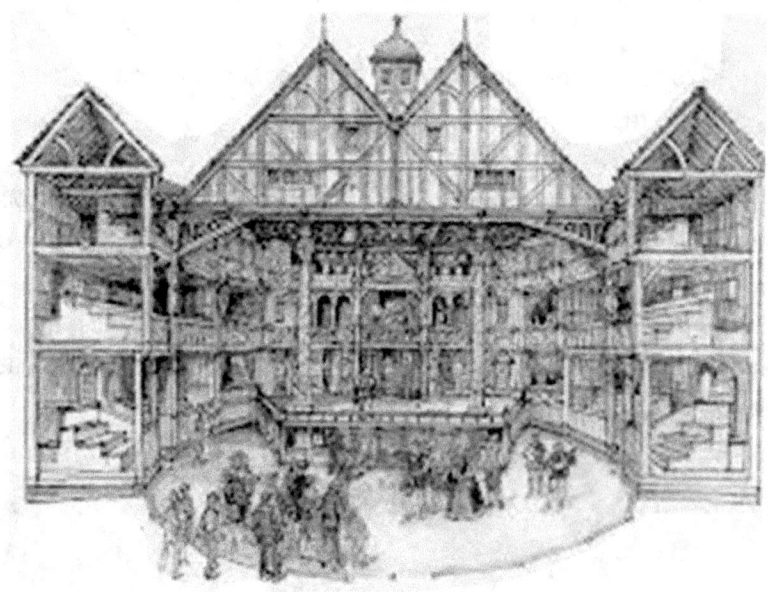

Shakespeare falleció el 23 de abril de 1616. Siempre se ha asociado su muerte con la bebida. Al parecer, William se había reunido con **Ben Johnson y Michael Drayton** para festejar con sus colegas. Hace poco, científicos alemanes afirman que es probable que el escritor inglés padeciera de cáncer. El epitafio para su lápida dice:

Buen amigo, por Jesús, abstente de cavar el polvo aquí encerrado.
Bendito sea el hombre que respete estas piedras
y maldito el que remueva mis huesos.

Una leyenda afirma que las obras inéditas de Shakespeare yacen con él en su tumba.

Se ha seguido muy de cerca la crueldad del autor en relación a las mujeres.

Sigue parte del Soneto 144.

> *Dos amores tengo yo de disfrute y desesperación*
> *los cuales como dos espíritus aún me sugieren que*
> *el mejor ángel es un hombre blanco y derecho, y*
> *el peor espectro, una mujer de color enfermizo.*
> *Para ganarme pronto al infierno, mi mal femenino*
> *se llevó el mejor ángel de mi lado,*
> *y corrompería a mi santo para ser un demonio,*
> *arruinando su pureza con su fétido orgullo (...)*

Otra cita.

> *Los ojos de mi señor no son nada como el sol,*
> *Es coral es por lejos más rojo que sus rojos labios;*
> *Si la nieve es blanca, ¿por qué entonces sus pechos son oscuros?*
> *Si el cabello fuera alambre, negros alambres crecerían de su cabeza (...)*

Tragedias.

Shakespeare compuso tragedias desde el mismo inicio de su trayectoria. Una de las más tempranas fue la tragedia romana **Titus Andrónicus**, y unos años después **Romeo y Julieta**. Sin embargo, las más aclamadas, las que más me gustan, fueron escritas en un período de siete años entre 1601 y 1608: **Hamlet, Otelo, El Rey Lear, Macbeth y Antonio y Cleopatra**..

Comedias.

"Las alegres comadres de Windsor"
"The Merry Wives of Windsor" en inglés.

"Faltaff", John de nombre, llega a Windsor escaso de fondos. Decide cortejar dos señoras casadas, Mistress Ford y Mistress Page. Le escribe cartas de amor. Los criados Pistol y Nym se niegan a entregárselas y avisan a los maridos…

"La comedia de las equivocaciones"
"A Comedy of Errors" en inglés.

Egon y Emilia tuvieron gemelos, y ese mismo día, Egon compró dos gemelos más a una familia pobre. Antifolio y Dromio buscan a sus hermanos perdidos y llegan a el pueblo de Éfeso dónde los confunden con sus hermanos gemelos. Así transcurre la obra, entre inverosímiles y extrañas situaciones.

"Como gustéis"
"As You Like It" en ingles.

En el acto II, escena VII, se presenta uno de los monólogos más redundantes de Shakespeare (el personaje es Jacques/Jaime), que comienza:

"El mundo es un gran teatro,
y los hombres y mujeres son actores.
Todos hacen sus entradas y sus mutis
y diversos papeles en su vida.
Los actos, siete edades. Primero, la criatura,
hipando y vomitando en brazos de su ama.
Después, el chiquillo quejumbroso que, a desgano,
con cartera y radiante cara matinal,
cual caracol se arrastra hacia la escuela.

Después, el amante, suspirando como un horno
y componiendo baladas dolientes
a la ceja de su amada. Y el soldado,
con bigotes de felino y pasmosos juramentos,
celoso de su honra, vehemente y peleón,
buscando la burbuja de la fama
hasta en la boca del cañón. Y el juez,
que, con su oronda panza llena de capones,
ojos graves y barba recortada,
sabios aforismos y citas consabidas,
hace su papel. La sexta edad nos trae
al viejo enflaquecido en zapatillas,
lentes en las napias y bolsa al costado;
con calzas juveniles bien guardadas, anchísimas
para tan huesudas zancas, y su gran voz
varonil, que vuelve a sonar aniñada,
le pita y silba al hablar. La escena final
de tan singular y variada historia
es la segunda niñez y el olvido total,
sin dientes, sin ojos, sin gusto, sin nada.

"Los dos hidalgos de Verona"
"The Two Gentlemen of Verona" en inglés.

Considerado por algunos como la primera obra de Shakespeare.

"La fierecilla domada"
"The Taming of the Shrew" en inglés.

Catalina Minota ahuyenta a muchos pretendientes. Su padre se niega a casar a su hija menor antes de que se case la mayor. Esto se presenta en situaciones de enredo. El doble banquete nupcial con que concluye la obra, constituye un giro inesperado a la situación de partida.

"Mucho ruido y pocas nueces"
"Much Ado About Nothing" en inglés.

Se trata de una obra en forma de comedia romántica.

"Noche de Reyes"
"Night of Kings" en inglés.

Lliria donde transcurre la obra es una antigua región en el mar Adriático, actualmente Croacia. Muchos personajes se disfrazan. Shakespeare usa ese recurso para hacerse preguntas sobre la identidad humana.
Se han realizado películas y televisión en diferentes países, con este tema.

"El sueño de una noche de verano"
"Midsummer Night´s Dream" en inglés.

Un clásico mundial. Durante la boda de Teseo e Hipólita tiene lugar una obra plagada de fantasía, sueños, amor y magia que se entremezclan en las historias de amor de dos parejas nobles, de unos cómicos despreocupados y un grupo de miembros del mundo de las hadas.

1 Se realizó un filme de largometraje llamado "As You Like It" dirigido por Kenneth Branagh

"La tempestad"

"The Tempest" en inglés.

Próspero, duque legítimo de Milán, ha sido expulsado de su posición por su hermano y se encuentra en una isla desierta tras naufragar su buque. La obra comienza con una fuerte tormenta, desatada por Ariel (a mandato de Próspero), cuando adivina que su hermano Antonio viaja en un buque cerca de la isla en la que se encuentra. En ella, Próspero cuenta con la compañía de su hija Miranda y descansa con sus numerosos libros dedicándose al estudio y el conocimiento de la Magia. Próspero entra en contacto con espíritus como Ariel. Con su ayuda, desde el caos y la locura, Próspero tejerá un encantamiento que le permitirá iniciar su venganza. Al final Próspero renunciará a su magia perdonando a sus enemigos y permitiendo el matrimonio entre su hija Miranda y Fernando.

"Trabajos de amor perdidos"

"Loves Labours Lost" en inglés.

Una de las primeras comedias escritas por Shakespeare.

Kenneth Branagh también hizo una adaptación al cine.

Espero verlos en **Stratford-on-Avon** o en cualquier otra parte dónde esté
"EL BARDO"

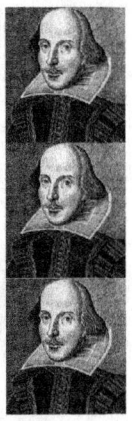

Termino con la escena de Hamlet que me parece relevante para los actores que son o van a ser.

HAMLET y dos cómicos

Hamlet

Dirás este pasaje en la forma que te le he declamado yo: con soltura de lengua, no con voz desentonada, como lo hacen muchos de nuestros cómicos; más valdría entonces dar mis versos al pregonero para que los dijese. Ni manotees así, acuchillando el aire: moderación en todo; puesto que aun en el torrente, la tempestad, y por mejor decir, el huracán de las pasiones, se debe conservar aquella templanza que hace suave y elegante la expresión. A mí me desazona en extremo ver a un hombre, muy cubierta la cabeza con su cabellera, que a fuerza de gritos estropea los afectos que quiere exprimir, y rompe y desgarra los oídos del vulgo rudo; que sólo gusta de gesticulaciones insignificantes y de estrépito. Yo mandaría azotar a un energúmeno de tal especie: Herodes de farsa, más furioso que el mismo Herodes. Evita, evita este vicio.

Cómico 1°
Así os lo prometo.
Hamlet
Ni seas tampoco demasiado frío; tu misma prudencia debe guiarte. La acción debe corresponder a la palabra, y ésta a la acción, cuidando siempre de no atropellar la simplicidad de la naturaleza. No hay defecto que más se oponga al fin de la representación que desde el principio hasta ahora, ha sido y es: ofrecer a la naturaleza un espejo en que vea la virtud su propia forma, el vicio su propia imagen, cada nación y cada siglo sus principales caracteres. Si esta pintura se exagera o se debilita, excitará la risa de los ignorantes; pero no puede menos de disgustar a los hombres de

buena razón, cuya censura debe ser para vosotros de más peso que la de toda la multitud que llena el teatro. Yo he visto representar a algunos cómicos, que otros aplaudían con entusiasmo, por no decir con escándalo; los cuales no tenían acento ni figura de cristianos, ni de gentiles, ni de hombres; que al verlos hincharse y bramar, no los juzgué de la especie humana, sino unos simulacros rudos de hombres, hechos por algún mal aprendiz. Tan inicuamente imitaban la naturaleza.

Cómico 1°
Yo creo que en nuestra compañía se ha corregido bastante ese defecto.
Hamlet
Corregide del todo, y cuidad también que los que hacen de payos no añadan nada a lo que está escrito en su papel; porque algunos de ellos, para hacer reír a los oyentes más adustos, empiezan a dar risotadas, cuando el interés del drama debería ocupar toda la atención. Esto es indigno, y manifiesta demasiado en los necios que lo practican, el ridículo empeño de lucirlo. Id a prepararos.
(Estas frases e informaciones general vienen, en gran parte, de Wikipedia en español).

Lo único que me atrevería a decir a demás de esas enseñanzas reales, es que la actuación es "acción/reacción", o sea escuchar y reaccionar, como si fuera "la primera vez" que escuchas lo que dice el otro…

See you soon with The Bard…

WRAP IT UP o RAPERÓ

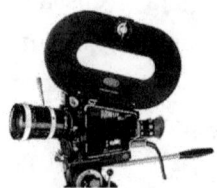

Los que han trabajado en cine saben que esta palabra en inglés, o en venezolano en su pronunciación, significa el final de un trabajo, generalmente cinematográfico.

También hay **wrap party**, una fiesta para celebrar la terminación de la filmación.

Puede también ser un concurso de rap o un www.rap-up.com que trata sobre nuevas músicas, videos y fotos.

Puede ser **"rap it up bee"** que significa el deseo para terminar una comunicación. También puede ser un pedido para que se coloquen un condón.

C´est dans la boîte, es en francés para algo que terminó.**Emballez-celui ci, ou cela**... esa es otra posibilidad, pero es un poco "embalado"...

"RAPERÓ" es una palabra que se usa en el cine venezolano cuando se ha llegado al final de un rodaje. Viene del **wrap it up**, en inglés.

Es igualmente un rapero guatemalteco y uno que se hace llamar **"Rapero de Sangre Puro"**.

También es el nombre de un muñequito de dibujos animados del que su padre se llama "**Darkos**".

Hay un sitio web **(www.tuvotación.com)** dónde uno vota por el mejor **rapero** en varios sitios de la tierra. En este caso, Guinea Occidental. Este país lo llaman también Papúa Occidental, siendo la mitad de la isla de Nueva Guinea y parte de lo que hoy en día es Indonesia. Su capital es Jayapura. Actualmente es una República. Hay muchos, quizás demasiados, entre ellos: **Junior VIP, Jamin Dogg Bo, Mr. O, Kicko B, Cesario MC, Lil Champ, Negro Bey, Narkelly Pana, CH.B, Johny X, Algas B, Metrico, M.D.**

De Venezuela, bello país, 2500 kilómetros de costa, actualmente estrangulado por "politiqueros" sin escrúpulos ni noción de humanidad, sino el robo, nacieron raperos como **Apache, Canserbero, "El Dueño de la Musa", Aros, Neblinna y Mestiza, Li´l Supa, Akapellah, Ninjazz, y Lisérgicos**, y muchos mas.

"To rap or not to rap" hubiese dicho Hamlet si fuera rapero? Pero como tenía mucho trabajo en Dinamarca dónde el país hedía, olía mal, por alguna razón… "**There´s something rotten in the Kingdom of Denmark …**" pero como no lo era (rapero) no se dio cuenta de que lo que decía era más profundo y poético. La verdad es que prefiero al Bardo a cualquier rapero, por más que sea más "moderno"!?

"**Wanda, zaperoqueña! o "zaperocosa**"…

ZAPEROQUIÑO

ZAPEROCO

ZAPEROCO significa en el **Oxford Dictionary** en español: "Palabra que se usa en la expresión **"armar un zaperoco"**, que significa "**desencadenar una pelea, una riña o un gran alboroto entre dos o más personas**" En inglés en el mismo Oxford Dictionary es más sencillo, y es solo la palabra **"riot"**.

RIOT, en ingles... es pues "un zaperoco"... o un vainero...lo que realizaron en Los Ángeles, en Detroit y en casi todos los países Latinoamericanos, Europeos y Musulmanes.

ZAPEROQUIÑO, en brasilero, es una especie de bossa nova, no tan nova y no es un cantante como Roberto Carlos. Tampoco es un pequeño zaperoco. Puede ser el nombre de un perro bóxer o un boxeador perro. Un gato igualmente se puede llamar con el apodo "Zaperoquiño Jr." Igualmente otro gato puede ser "Vainilla" por las vainas que hecha. Otro puede ser "BuBú", o "Fifí" o "Tronco é Verga Tiesa" o "MG Magnette", o "Constantinopla", o "Rabipondéo" o "Juan Manuel" o "Ejecutivo" o "Rolo é Peo" o Madera Negra" o "Pau Cemento" o "RapidolRoque" o "Consejo Amistoso" o "MBT" o "Triumph" o "Reunión" o "Tu él Mundo" o "Agua Salenizada" o "Me picó un Mosquito" o "Frenesí" o "Guapachá" o "Chéri" o "Línea Recta que Convergió" o "Suéltate" o "Trompo" o "Monigote" o "La Perica" o "De Repenteseperdió" o "Hilito" o "Irrealidad" o "Cartón" o "Sudor" o "Adolescenteebrio" o "Brujerías" o "Sitting Bull o Standing Bull" o "Steinway" o "Mi cielo" o "Repentista" o "Sopa Pelá" o "Agárrame" o "Caderas de Dios" o "Besos" o "Brazos de Ley" o "Rumbo" o "Mesura " o "Ternura de Seda" o "Weber" o "Lobo" o "Baúl" o "Enloquecer como una Centella" o "Pumpá" o "Isidora Celestial" o "Hecho de Amor" o "Necesario" o "Micrófono" o "Atrafagado" o "Chiste de Brylcream" o "Españolosa" o "Estrofa" o "Recoge cables" o "Caraotica" o "Arpeguiar" o "Remordimiento Venenoso" o "Vidoso" o "Willamate" o "Patos" o "Microclima" o "Terroir del Tumbáo" o "Cinéfila" o "Unhappy Dancers" o "Peloteándonos" o "Taime" o "Amiat" o "Indígena del Auyantepui" o "Tu Queso" o "Tamacún" o "Pantaleta" o "Misterio de la 3 Torres" o "Borsalino" o "Mikitrufe" o "Lázaro" o "Fratellini" o "Chocolat" o "Marceau" o "Cirquense" o BusterKeatence" o "Marx" o "Mifune" o "CantaroNadar" o "Bastonear" o "Briggear" o "Guayabo viejo" o "Bambú del Rocío" o "Patenando" o "Plaubel" o "Medalist" o "Rollei" o "Ko dak" o "Ikon" o "Ansco" o "Eclair" o "PeloéGuama" o "Cerbellum" o "Slowfood" o "Casiquiare" u "Onanismo" o "Dôle" o Ranasalajo" o "Pain du Pays" o "Rio Hacha" o "Lenguadada" o "Huracán" o "Prudencial Espejo" o "Multitud de Bramadores" o "Risotadamiento" o "Prepararse a la Tatanka" o "0Killed" o "Deadwood" o "Catalina La Bella" o "Turcos o Gauchos" o "Llamarada de Medianoche" o "Péndulo" o "Estiramiento" o "Saludo al Sol" o "Extrawiski" o "Beaujolaisvieux" o "Surrealistóide" o "Víctor Chak-K-Kao" o …

Pero todo eso poco tiene que ver con zaperoco ¿Quizás? O Perhaps…!

ZAPEROGUIÑO…

MUCHO... PERO RÁPIDO
TOO SOON

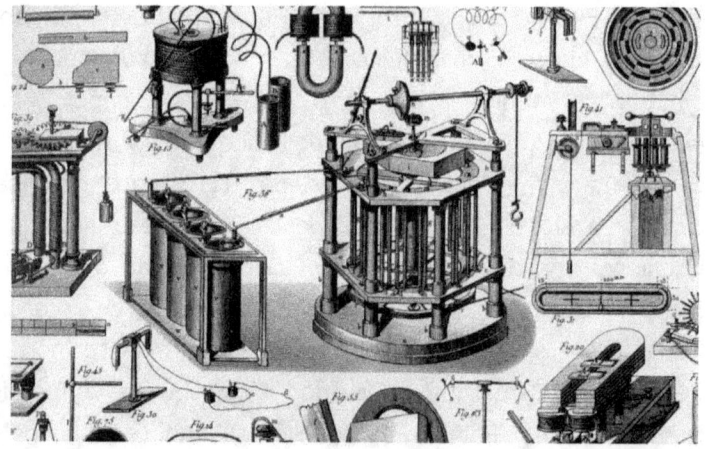

"**Too soon**" **y** "**Gone too soon**" son canciones Nortemaricanas, escritas por **Buzz Kohand y Larry Grossman**. Son cantada por los más grandes cantantes del Norte, del Sur, del Este y del Oeste, en otras palabras, por todo el mundo. Puede ser **love too soon (amorío demasiado rápido)** o **gone too soon (murió demasiado rápido)**. Es difícil definir **too soon**. Son palabras que hay que utilizar o traducir dentro de un contexto particular, lo que significa "como de un poema abierto"... Algunos de los que cantaron este enigmística canción figuran, entre otros: **Ella Fitzgerald, Sarah Vaughn, Michael Jackson, The Band, Stevie Wonder, The New York Dolls**...

Hasta pronto pero que no sea too much soonest!

ENTREVISTA CON HECTOR PACHECO

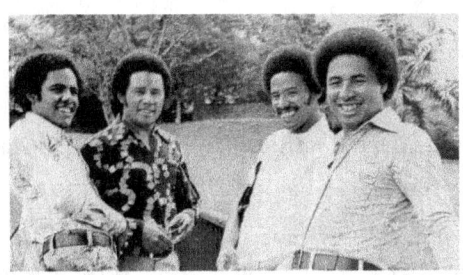

Héctor Pacheco es miembro de una familia caraqueña originaria de San José de Cotiza en la cual, todos los hermanos tocan instrumentos de percusión. Héctor es director del grupo musical **Los Pacheco**, percusionista, autor de música y letras, cantante. También, actualmente lo acompañan en el grupo musical: Luis Pacheco, Bongós, Oswaldo Pacheco, timbales, y Alfredo (Nené) Pacheco, conga.

Ref. Documental "Los Pacheco, Una Familia Salsosa" de Luis Armando Roche, www.amazon.com

Héctor Pacheco, Caracas 15/3/16 4:30PM – El Guaguancó, el Matanzero y el Urbano de la Habana – tienen varias variantes:

El Yambú ritmo lento a principios de siglo con cajones en fondo de percusión. El Yambú "no se vacuna", o sea, no se baila pegáo.

El guaguancó Normal quinto llamador, el tres, que va entonando para que el quinto pueda repicar, la clave, la cáscara y voz.

El guaguancó Habanero ya dejó de ser tradicional porque le agregron instrumentos de cuerda como el bajo y la guitarra en forma de tres cubano.

El Guaguncó, como tal es del pueblo de Matanzas. La rumba y la conga pertenecen al género de guaguancó.

Tradición de los Pacheco en Venezuela.

Nosotros los Pacheco (familia Pacheco) fuimos unos de los primeros en tocar ese género en Caracas en 1965. Teníamos un **grupo de cajón** y salíamos a hacer **rumba de cajón**. Cuando se habla de "cajón" son los cajones dónde venían la velas y las manzanas de Europa o de Chile. Después es que le metimos las tumbadoras. Todo eso gracias a mi papá José que se la pasaba escuchando un radiecito de ondas cortas, la Radio de Cuba. Toda la familia se ponía a escuchar y tocábamos todos, hembras y varones.

"La orquesta Los Pacheco", nace en el año 1973, un vez que los hermanos Pacheco (Héctor, Francisco, Alfredo, Oswaldo y Luis) todos nacidos en la parroquia San José de Cotiza en Caracas, deciden agruparse, luego de haber formado parte de distintas bandas. Inicialmente la orquesta se llamó "Los Pacheco y su candela", luego con el pasar de los años deciden cambiarle el nombre por "Los Pacheco y su San Son", pero el público melómano que siempre los ha seguido y apoyado durante su larga trayectoria musical, los identifica sencillamente como "Los Pacheco"

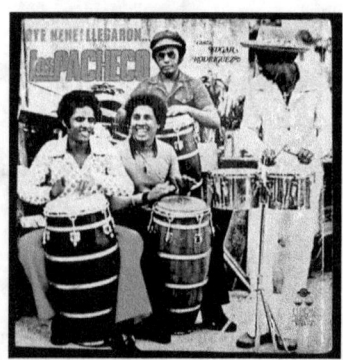

CANDELA....

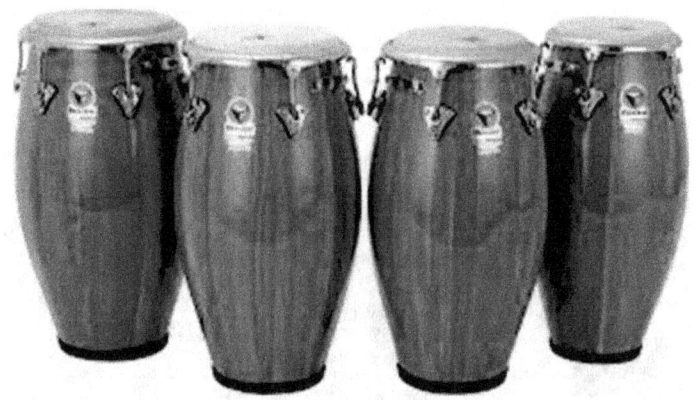

Actualmente la orquesta se encuentra conformada por: Alfredo Pacheco, Oswaldo Pacheco, Luis Pacheco, Ronald Pacheco, Ernesto Pacheco y Héctor Pacheco quien es su director musical. Además de José "Tuqui" Torres, Rodolfo León, Andrés "Tapón", Javier María, José Luis Mata, Leo Pérez, Kefren Jaimes y Mariangely García, siendo estos dos jóvenes músicos de formación clásica provenientes de las orquestas juveniles de Venezuela, el legado y continuidad de la música de la familia Pacheco.

¡Hasta el son-son!

AVERY Y JONES

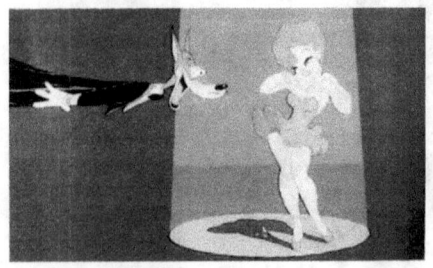 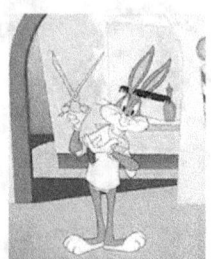

Bugs Bunny y El Coyote, dos creaciones de estos dos superbos animadores.

Por sugerencia de mi amigo y tutor **Robert Benayoun**, experto en dibujos animados en Francia, ayudé a organizar una reunión entre los dos animadores/amigos que no se veían desde hace años. Jones seguía con la serie en la **Metro Goldwyn Mayer** del **BIP-BIP** y **el Coyote**. **Tex Avery** estaba "ligeramente" retirado y hacía publicidad.

Tex Avery. La reunión fue todo un éxito porque los animadores, siempre, han sido jodedores natos. Lo primero es que se echan vaina el uno al otro. Avery es mayor de Jones y fue, en mi opinión un tipo muy libre e inventor. Al comienzo tenía personajes que se hacían grandes y chiquitos, tan grandes que veían al mundo redondo y frágil. Avery fue el inventor de los "gags" que no terminaban nunca… como en el perro **Droopy** que hablaba con acento tejano como Avery y los cartelones que colocaba Avery describiendo lo largo o lo corto de los "gags". Igualmente Avery inventó, durante de Segunda Guerra Mundial, una muchacha muy "sexy" y un lobo enamorado que se daba martillazos o golpetazos en el cerebro, y sus ojos se desorbitaban de amor por la bailarina. Creó pingüinos que bailaban y hacían ruidos.

Chuck Jones. Este animador fue el mejor de la serie **Buggs Bunny** (**El Conejo de la Suerte**). A Buggs no había que molestarlo porque si se ponía contra ti, sería el sujeto de venganza extrema. La frase "**What Up, Doc**" (**¿Qué Tal Hermano (en mi caso mi hermano era médico?)** fue la frase clave del conejo enrabiado. Tuvo amigos y enemigos como **Elmer Fudd** y otros animales silvestres a quien torturar. Buggs comía zanahorias que mordía con placer sádico. Igualmente trabajaba con el "**Tasmanian Devil**" era un bicho que giraba a toda velocidad y que hacía unos ruidos extraordinarios. El "Devil" escupía, se echaba peos, eructos, todo a la vez girando y girando... También inventó a "**Yosemite Sam**" una especie de frenético personaje que andaba siempre gritando y bravo. También habitaban en las películas de Jones gente como "**El Pato Loco**". La combinación de todos estos personajes eran una esquizofrenia generalizada.

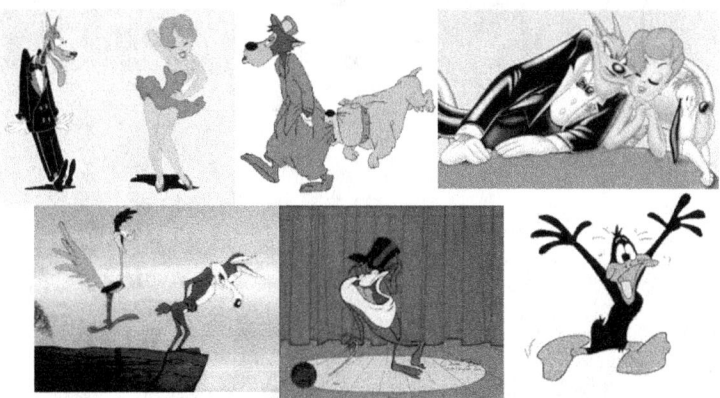

A todos estos personajes les "hacía" la voz uno llamado **Mel Blanc**. Mel inventaba voces especiales para cada uno de los personajes. Nunca olvidaremos los acentos de cada uno...

Ambos trabajaron para varios estudios como la Metro y Warner Brothers. Ninguno de los dos trabajó con **Walt Disney**. Lo que hacía Mr. Walt era demasiado normal y tele novelesco y nunca tenían el ritmo o el exceso que Avery y Jones usaban un sus "cartoons".

En mi otro libro "Asómate Hacia Adentro" (Createspace y amazon.com) (páginas 42/43/44) hablé mucho de estos dos en los Ángeles y no quiero repetirme.

See you at the looney tunes...

OGDEN NASH
Speak Low

Entre alguno de los dichos de este estupendo poeta están: *Una puerta es dónde un perro perpetuamente está en el sitio equivocado. – Edad mayor es cuando has conocido tanta gente que cada persona nueva que conoces te recuerda de otra. – Hay una sola forma de obtener felicidad es esta bola terráquea, y eso es una conciencia claro, o ninguna conciencia en absoluto.*

Nash nació el 19 de agosto de 1902 en Rye, NY y murió a los 68 años, el 19 de marzo de 1971 en Baltimore, Maryland. El New York Times dijo del poeta: *"la versificación curiosa, y fuera de toda convención, lo hizo el más conocido productor de la rima poética Norteamericana."* El le gustaba el ritmo poético y lo hacía desde los 4 años. Algunas palabras que no existían, las inventaba. Fue profesor en el famoso **St. George´s School**. Trabajó en la revista **The New Yorker**. Vivió en Baltimore hasta el fin de sus días. Con la palabra Baltimore jugó y dijo "hubiese preferido Nueva York pero *"I liked Balti-More"*, o sea, me gustaba Balti – Más".

Escribió junto a S.J. Perelman y Kurt Weill el show de Broadway "**A Touch of Venus**" dónde se cantaba la notable canción "**Speak Low**"que es una de mis más grandes favoritas. En particular me gusta la versión cantada por **Sarah Vaughn** (**The Devine Sarah**). Escribió, entre muchos otros, "**Poemas de Animales**". Escribió poemas para la suite de orquesta de **Camille St-Saens** "**El Carnaval de los Animales**". Eso fue grabado por **Columbia Records**, recitado por **Noel Coward** y la orquesta dirigida por **André Kostelanetz**.

Su estilo **poético** será mejor conocido como "**pun-like**" dónde varias palabras estaban mal orto grafiadas especialmente para lograr comicidad.

Uno de ellos es:
"A girl is bespectacled
She may not get her nectlated"
(Una niña sin lentes
No debe ser cuello lada)

Algunas rimas eran "sin rima", exageradas, y de ritmo irregular:

"Once there was a man named Mr. Palisser and he asked his
wife, May I be a gourmet?
And said, "You sure may!"
(Había una vez un hombre llamado Mr. Palisser, y le preguntó a su
esposa, ¿Puedo ser gourmet? Y ella le contestó, Seguro...)

Igualmente tenía dichos:

"Progress might have been alright once, but it has gone on too long".
(El progreso puede haber sido bueno una vez, pero hace tiempo que
se ha ido)

"People who work sitting down get paid more than people who work standing up".
(Las personas que trabajan sentados son pagados más que gente que trabajan paradas)

Hacía "**Listas**".

C is for Cobb, Who grew spikes and not corn, And made all the basemen Wish they weren't born.

D is for Dean, The grammatical Diz, When they asked, Who's the tops? Said correctly, I is.

E is for Evers, His jaw in advance; Never afraid To Tinker with Chance.

F is for Fordham And Frankie and Frisch; I wish he were back With the Giants, I wish.

(C para Cobb, Quien creció puyas pero no maíz, E hizo que todos los beisboleros, Desearan No haber Nacido

D es para Dean, El Diz gramático, Cuando preguntaron, ¿Quién está en la parte alta?
Ella dijo correctamente, Soy yo...

E es para Evers, Su quijada hacia delante; Nunca con miedo de Jugar con la Chance.

F es para Fordham Y Frankie y Frisch; Ojalá estuviera de vuelta con los Gigantes, Eso lo deseo yo...)

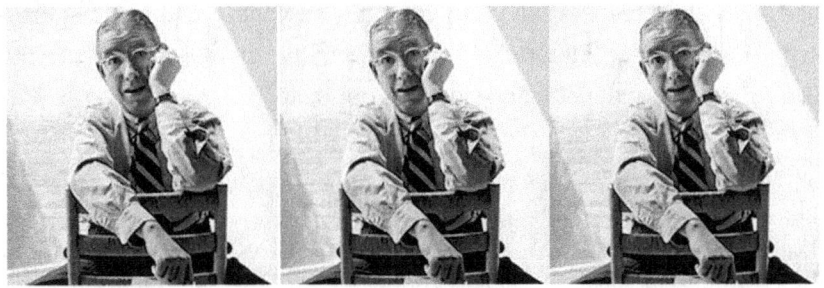

(No McTavish
No tuvo más "lavish")

En El Japonés:

How courteous is the Japanese
He always says," Excuse it, please"

He climbs into his neighbor's garden
And smiles, and says, "I beg your pardon"
He bows and grins a friendly grin
And calls his hungry family in
He grins, and bows a friendly bow
So sorry, this my garden now

(Que cortés es el Japonés
Siempre dice, Perdón, perdóneme
El saluda y sonríe amistosa
Y le pide a su familia con hambre
Hace muecas y saluda un saludo amistoso
Lo siento, este es mi jardín

El Correo de los Estados Unidos sacaron una estampilla con Ogden Nash y un texto de seis poemas que coinciden con su nacimiento 19 de agosto de 2002 Los seis poemas son "**La Tortuga**", "**La Vaca**", "**Cruzando la Frontera**", "**La Gatita**" y "**Limerick 1**". Fue la primera estampilla que incluyó la palabra "**sexo**", aunque era un sinónimo de "género".

Bye, lowly...

Caracas, 16 de marzo de 2016

ZUMBA QUE ZUMBA

¡Zumba es una palabra que suena a mosquito!

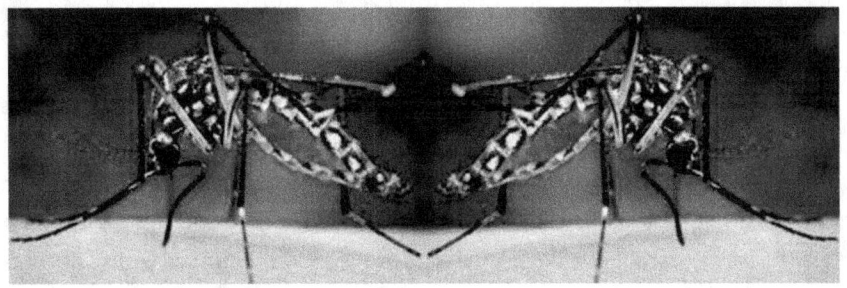

Así suena el tumbáo de "**lo que Zumba**" de los mosquitos. A ellos (los mosquitos) les gusta el Zumba porque las jóvenes lo bailan... sabrosongo.

Los anófeles de hoy en día pueden dar dengue (una especie de vibración nefasta), o la del mal del zambito, o malaria que se pega con cualquier otro zumbador que pique a alguien que tenga la enfermedad.

Durante una expedición a tepuyes venezolanos (Sarisariñame y Jaua) dormí bajo de un árbol con alguien que, me lo dijo el día después, tenía malaria... y aquí estoy sin malaria. Es un asunto de leche, o suerte, o como lo quieras llamar.

Sigamos con zumba. Ah cará, zumba que zumba, y adelante con los zumbidos.

---

1 Ver "Como Islas en el Tiempo" – documental sobre estos tepuyes.

Como dice alguna información Zumba es una disciplina "fitness" creada en 1986 por el colombiano Alberto "Beto" Pérez enfocada en una parte para mantener el cuerpo saludable y por otra a desarrollar y darle flexibilidad mediante movimientos de baile combinados en una serie de rutinas aeróbicas tradicionales. Zumba utiliza los ritmos latinoamericanos como lo son: la salsa, el merengue, la cumbia, el reggaetón, y la samba (ojo, no es la zumba...). Según dicen, en cada sesión de Zumba se pueden perder 1500 calorías ¿y dónde se esconderán?

El Zumba se puede practicar a cualquier edad, sin pagar y sin "trainer"(-bajo control médico, claro está. Eso no lo dicen si uno no lo pregunta.) y en cualquier momento, ya que existen: **Zumba Kids, Zumba Gold, Zumba Basic, Zumba Step, Zumba Toning, Aqua Zumba, Zumba Sentao**... y sigue...¡ (todos registrados © como trademark comercial)! Debían inventar un **Zumba Mental** que le ahorraría a uno el movimiento físico, y porqué no un **Zumba Metafísico** o un **Zumba New Age**...

Pienso que todo ese "**Zumbamiento**" es un método comercial de explotar lo que la gente hace naturalmente mientras goza sus bailes familiares o extraextrafamiliares... o extraterrestres... ¿Porqué los movimientos rítmicos tienen que ser recuperados para la comercialidad? Yo puedo bailar cualquier ritmo que ellos proponen, y que conozco desde la infancia, con una bella dama en mi casa, o en un bar, y no tener que pagarle a ningún "animal de lixiviación" (traducción libre: "trainer").

...¿y si decimos Zumba p´al valle? o Zumba p´atrás? o Zúmbame la bola? o Zumbálema che? o Zaperocozúmba? o Zumbame los tequeteques? o Zúmbale un "uppercut" o un "jab"?

Veo que hablan de "coreografiado" lo que implica un señor que ha bailado, y sobretodo enseña desde chachachá, merengue apeltrecháo o de medioláo, etc... y que le pagan por algo que, nosotros los latinos hacemos desde el nacimiento.

Está el **zicca,** mosquito infectuoso, y zanzare, mosquito en italiano de manera onomatopéyica.

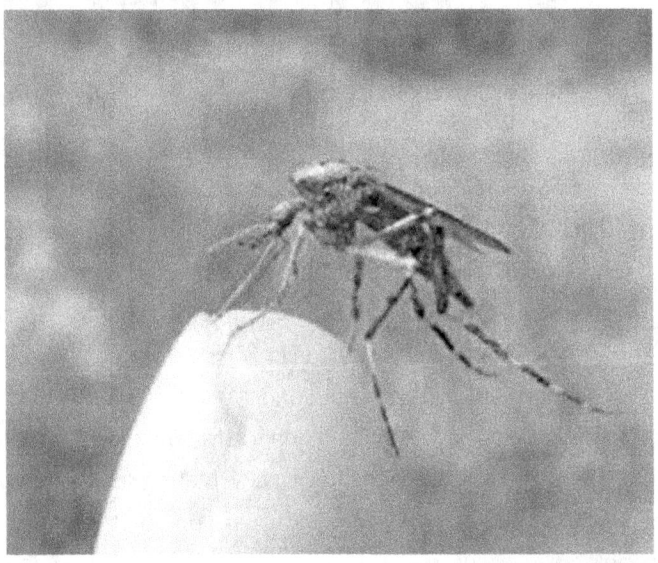

¡Bye, bye ZUMBADORES!

Caracas, 21 de marzo de 2016

LOS ÁNGELES (LA)

La Ciudad de Los Ángeles (LA) es dónde opera el detective privado más admirado por mi - Lew Archer.

Viva Russ MacDonald (el escritor)

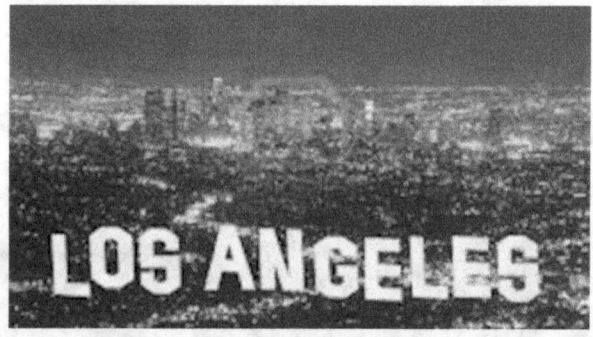

Estamos en junio de 1964, y mi familia a dejado París, Francia dónde acabo de graduarme en dirección/producción de la Escuela Oficial de Cine Francés el (**IDHEC**). Mi hijo Alvaro Roche viene de nacer en París. Como cinco mosqueteros, **Marión Roche**, en ese entonces, mi esposa, **Beatriz Roche**, mi hija mayor, **Nadine Roche**, la segunda hija, **Alvaro Roche**, nuestro primer varón, y yo salimos para Nueva York en via hacia LA. Mi padre **Luis Roche** es mi mentor y nos ha ayudado apoyándonos con su racionamiento brillante, su amor a la familia y financieramente. Nueva York es una etapa. A los tres niños les gusta mecerse y Marión los acompañó a un parque. De golpe Beatriz recibió un trancazo de uno de los mecedores que le dió un golpetazo en un ojo que comienza a sangrarle. Yo, lamentablemente no estaba presente en ese momento, y Marión solita pudo trasladar a todos los niños a un pequeño hospital dónde lograron curar a Beatriz. ¡Palo de susto!

Decidimos que la familia, menos yo, tomarían un avión de Nueva York a Los Ángeles. Yo manejaría solo un carro Mercedes Benz 220-S que me regaló mi querido padre. Ellos llegaron a LA rapidamente (como vuelo de avión). Yo tardé semana y media.

Fuimos primero a un hotel cerca de Beverly Hills donde vivímos durante la búsqueda de la casa en alquiler. Le exiguimos a la"Realtor" que no queríamos, de ninguna forma estar cerca de dónde Charles Manson Milles Maddox, mató gente. Nacido el 12 de noviembre 1934, y también llamado "Helter Skelter" según una canción de los Beatles. El grupo sanginario se llamaba The Manson Family. En el 8 de agosto de 1969 mataron a Sharon Tate, que vivía en el 10050 Cielo Drive en Los Ángeles, ella era la esposa del director polaco Roman Polanski director de varias películas, entre otras: "El Cuchillo En El Agua", "Rosemary´s Baby"... No es que nos asusta lo que haya pasado, ya que es un pasado pero queda una especie de "culillo" de vivir en el mismo sitio dónde ocurrió ese desastre.

Conseguimos la casa en Brentwood, California en el "County Contra Costa". Una quinta de un solo piso sin escaleras, con jardin y tranquilidad. Había facilidad de conversar con los vecinos, mayormente gente de cine, que tenían mucho que decirnos, y estábamos cerca de un club con piscina y tenis, y relativamente cerca de las Universidades de UCLA (University of California, LA) y University of Southern California (USC) dónde yo estudiaba.

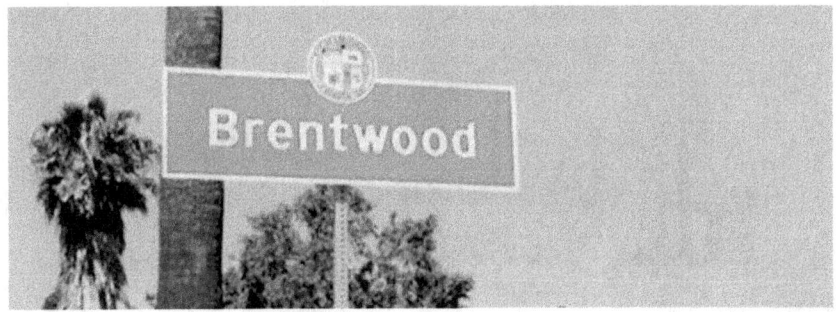

En 2010 nombraron a Brentwood "Playful City USA" y es la sede de la "Brentwood Art Society" que presenta anualmente un "Art, Wine and Jazz Festival"

Los Ángeles tiene numerosos restaurantes, bares y hoteles. Hay uno Kossher (no recuerdo el nombre pero todos los Argelinos lo conocen) dónde preparan salmón con queso "cream cheese" con pan de "bagle". Tienen también pescado ahumado que se consume ahí mismo, rodilla de cochino y otras virtuallas del "eat or take out" de la Ciudad de Los Ángeles.

Como es de esperarse hay muchas salas de cine en LA. En particular está la CINERAMA DOME, que comenzó en febrero del 1963, localizado entre Sunset y Vine Streets.

Cinerama es el nombre comercial para el proceso de filmar con tres cámaras sincronizadas y proyectar por medio de tres proyectores de 35 mm trabajando en igual sincronía, una imagen panorámica, incrementando su detalle y tamaño, sobre una enorme pantalla de acusada curvatura. El sonido es estereofónico, de siete pistas, y se encuentra grabado sobre una cuarta banda magnética de 35 mm a la vez sincronizada con los proyectores. Fue uno de los varios procesos de este tipo que se iniciaron en la década de los cincuenta, cuando la industria cinematográfica reaccionaba a la competencia que entrañaba la televisión y contó con un gran impacto en la industria fílmica.

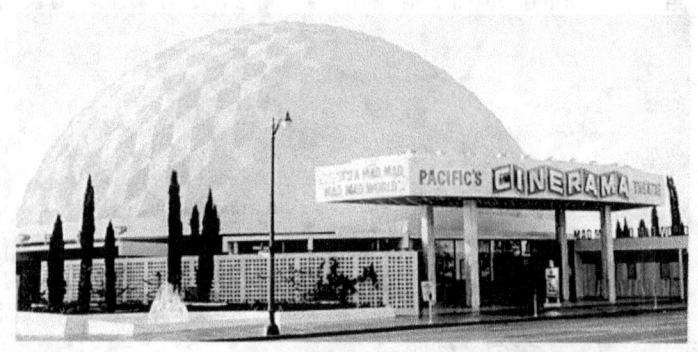

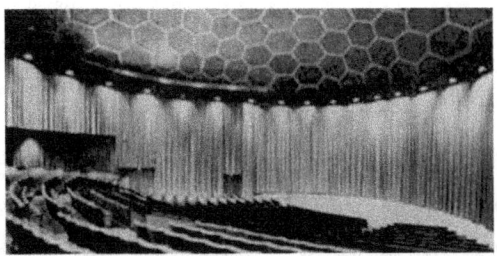

Se inauguró el CINERAMA DOME con el film MAD, MAD, MAD, MAD, WORLD. Esta película se proyectó con un solo lente. El WARNER CINERAMA, en el 6433 Hollywood Boulevard, cercano al DOME, proyectó con 3 proyectores hasta diciembre 1964.

En 2002 el Cinerama Dome volvió a proyectar con 3 proyectores y con un sistema de audio muy sofisticado. El 2005 empezaron a proyectar en forma digital con STAR WARS: EPISODIO III - LA VENGANZA DEL PECADO. En 2009 el filme AVATAR fue el primero en proyectase en 3D.

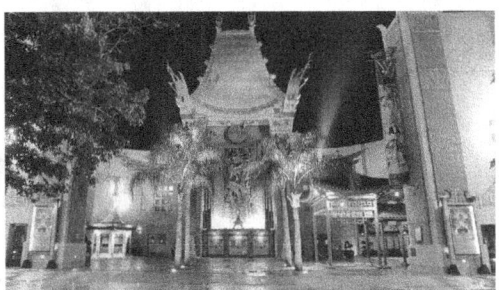

Igualmente en LA existe el GRAUMAN´S CHINESE THEATER. Este teatro se utiliza para eventos importantes para el cine. A veces es utilizado para los Oscares y tiene la conformación de un teatro Chino tradicional. Queda en Hollywood Walk o también llamado Sunset Boulevard. Generalmente está lleno de turistas y de payasos o gente disfrazada de los héroes cinematográficos del momento.

En una época hubo un restaurante que se llamó EL BROWN DERBY y que se asemejaba a un sombrero "derby". En estos momentos ya no existe pero en mi época uno visitaba el bar y el restaurant en lo que podía.

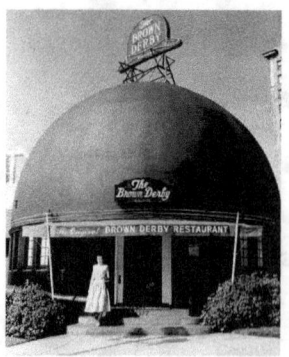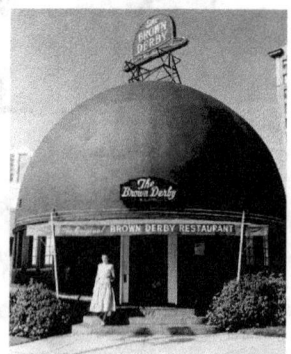

Las dos universidades dónde yo asistí tenían un variado menú de cursos de cine. Por ejemplo tomé en UCLA LA Realización de Documentales y Escritura para Comedias. En USC tomé cursos en Animación y Producción. La del Estado de California UCLA LA, es gratis. USC es privada y costosa. En ambos conocí muchos nuevos amigos que los vimos a lo largo de nuestra profesión.

En LA existen varios "theme parks" (Parques Temáticos). Empezó con Disney World que el gran productor, Walt Disney tuvo la idea de retomar sus "cartoons" y actores de sus filmes para colocarlos en un parque dónde la gente los experimentaría como si fueran de carne y hueso... ideado por los Estudios Disney. Allí también Disney construyó palacetes como el de la Bella Durmiente, la Casa de Los Tres Cochinitos, el set de Fantasía y muchos otros que los grandes y los niños les "encanta" visitar. Mickey, Pluto, El Pato Donald, Popeye y su grupo, La Bruja de Blancanieves y los 7 Enanitos y muchos más... Igualmente en esos parques se venden suvenirs (Todo esto le queda como prenda a los participantes, y como recuerdo comercial, a los niños y padres). Se hacen (padres e hijos) fotografías con los personajes que les dan su autógrafo "actuado y falso"... Toda una máquinaria bien rodada de manejo comercial. Algunos podrían decir que son producto del mal gusto, algunos técnicos de Walt Disney dicen que están malpagados... Los parques temáticos se han extendido a otros estudios en LA como el Universal Studio, Star Wars, y hasta en Paris, Francia dónde crearon otro parque de Disney, el parque a tema de Tin Tin y de Lucky Luke. La idea del Maestro de la Animación cogió vuelo y ya hay hasta parques antidiluvianos con dinosaurios y bichos que vuelan. Este tema sirvió para varias peliculas sobre dinosaurios y luego abrieron lo que vieron en la pelicula. Es lo que llaman un "cross marketing" que a veces continua dándole ingresos a los que tienen los derechos mucho después de que la pelicula haya salido de cartelera.

¡Hasta la vista LA y las personas que trabajan allí en el cine!

WESTERNS O VAQUERAS

Los "westerns" Norteamericanos han sido copiados en varias partes del mundo como en Almería, España los "Espagueti Westerns" comenzando con Sergio Leone.

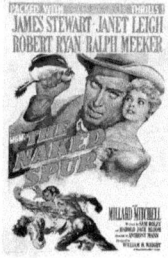 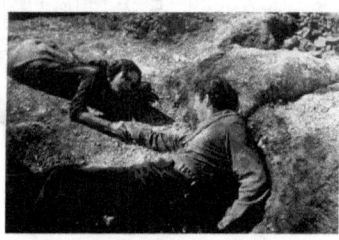 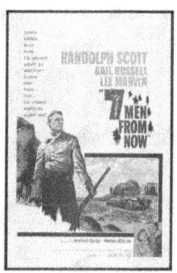

"Espagueti Westerns"

Si señor, así es… Primero la música de Ennio Morricone y luego Clint Eastwood… Clint estaba joven y manejaba la cámara, o sea la cámara lo amaba a el… De allí, de Almería pasó a Malpaso (el nombre de su compañía de producción) y fue alcalde del pueblo de Carmel en la costa de California.

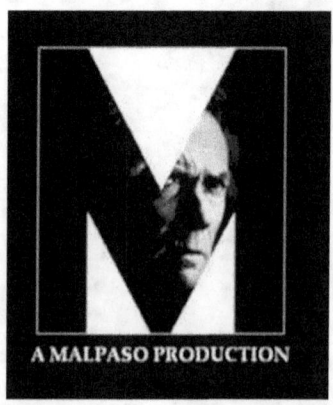

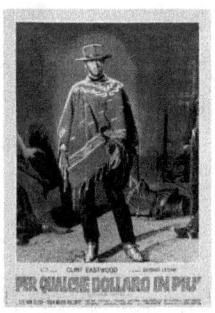

Los italianos les encanta los westerns y por eso crearon un tipo de vaquera que se puede comer con salsa boloñesa o con salsa de tomates, bien caliente. La música no para, los tiros tampoco. Los zoom son constantes y los close-up de los ojos, de la boca o de alguna mano o un pie se repiten. Todo esto acompañado por una música de cantos que parecieran ser de los Niños Cantores de Viena... ¿puede ser también parte de Carmina Burana? El sonido de los tiros son variados. Desde el tiro seco de Universal Studios (el mejor desde mi punto de vista) hasta el "ping" de la bala que rebota. La escopeta 44, el revolver Colt, cañones y ametralladoras Gattling. Todos tienen su sonido especial.

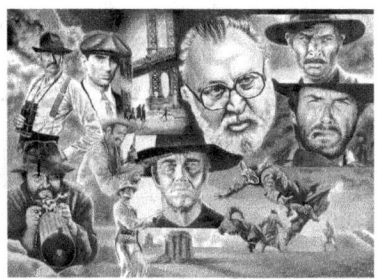

Para filmar, los italianos escogieron el pueblo de Almería en España. De un lado tiene el pueblo verdadero donde pueden los técnicos echarse los palos después de rodar y del otro lado un desierto y unas montañas que se parecen a Death Valley. Todo esto a precios muy competitivos para los europeos. La España de esa época era muy económica... Así renace la industria del western en Europa.

Lee Van Cliff, Gian María Volonté, Klaus Kinski y mi gran amigo Marc Mazzacurati, fueron algunos de los que comenzaron en estos westerns. Se que a Marc le gustan los espaguetis porque cada vez que me lo encuentro en París vamos a restaurantes italianos. También le gusta a el y a su esposa las alcachofas a la judía que los cocinan muy bien en el Restaurant Le Perron, de la rue Perronet, Paris 7eme.

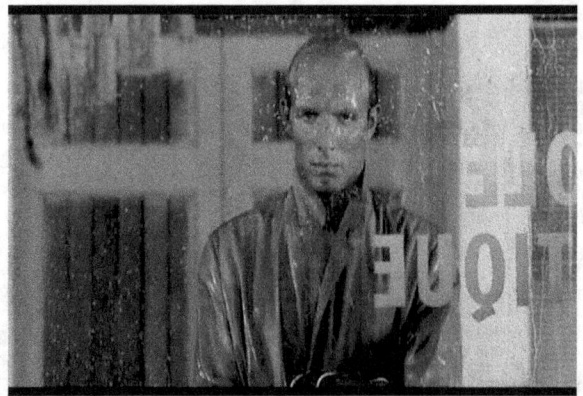

Marc Mazza en "El Pasajero de la Lluvia"

Los espaguetis son como las películas que se usaban antes del digital, y olían sabroso… por lo menos no olían a aserrín sino a película… ¡sabroson-go! Que suena a bongó, por lo menos las últimas 4 letras.

No mucha gente, hoy en día, que saben lo que son "las vaqueras…" Debíamos hacer unas que se llamaran "Apureñas"…

¡Zaperoco sin apurarse!

SERIES DEL SÁBADO A LAS 3:PM EN CARACAS

Los sábados a las 3:30 PM de mi juventud (sic 1942) en el Teatro (Cine) Metropól de Sabana Grande. Este teatro se convirtió en Comisaría de Policía de Sabana Grande en 2012. Fueron estos mis primeros acercamientos cinematográficos a lo que llaman las "series" (Norteamericanas en estos casos). Consistía en una acción violenta que sucedía al principio y, generalmente, con el final de el episodio, con un título que anunciaba "Continue Next Week" ("Continúa la Semana Que Viene"). Ahí conocí al malvado chino "Fu Man Chú" tratando de conquistar al universo. A "Flash Gordon" en su aeroespacial/especial de tela y papel, disparándole a una especie de animales que volaban con cuerdas y atacaban a la nave. También me topé con "Tom Mix, Hopalong Cassidy, Gene Autry y Roy Rogers", el último con su compañera Dale, que juntos cantaban al anochecer.

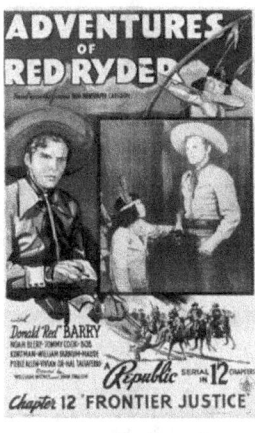
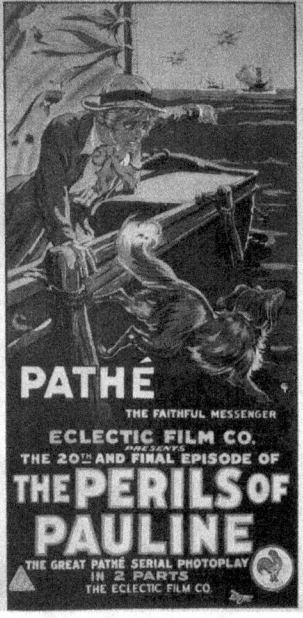
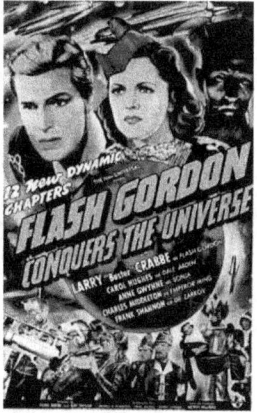

En las series, en general, no habían grandes estrellas pero si había movimiento y suspenso. Por ejemplo vi un nombre "que no me acuerdo" que caía dentro de un cuarto lleno de puyas que se iban cerrando hacia el personaje… y ahí cortaban por esa semana…¿Saldrá vivo la semana entrante? ¡Anjá! Hasta el sábado…

Más tarde, con la televisión, quedaron algunos como Hopalong Cassidy y Gene Autry" entre otros. Habían bandidos que siempre buscaban robar el oro que enviaban a través de las diligencias de Wells Fargo.

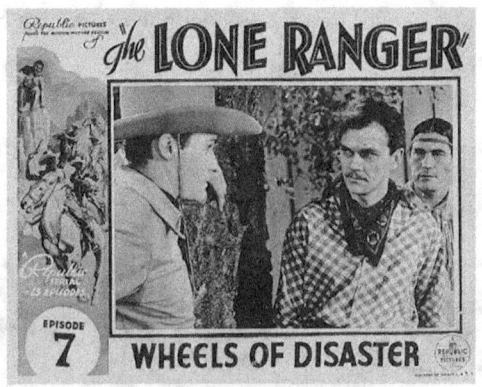

También habían indios como en "El Llanero Solitario" en el que, curiosamente el compañero del llanero se llamaba Tonto, y que de eso no tenía nada. Existe una anécdota dónde, el llanero y su compañero viajaban a caballo, y frente a ellos aparecieron un tropel de miles de indios. Voltearon su cabeza hacia la izquierda, y más indios… A la derecha, más y más indios… Estaban totalmente rodeados. Tonto abandonó al llanero y se fue hacia ellos. ¿Qué estás haciendo? Le preguntó el llanero… ¡Nada cara pálida! Le contestó el indio, y siguió adelante.. Si no puedes con ellos… únete…

Y no solamente había caballeros a caballo, ya que también existían ladrones sobre rápidos carros, estilo Al Capone o Bonnie y Clyde. Era la época de la prohibición de la bebida alcohólica en los Estados Unidos, y de los que llamaban los "Rhum Runners" o sea "Los Corredores del Ron". Carros que se voltean, que caen por un acantilado… La era del automóvil estaba sobreponiéndose a la del cuadrúpedo.

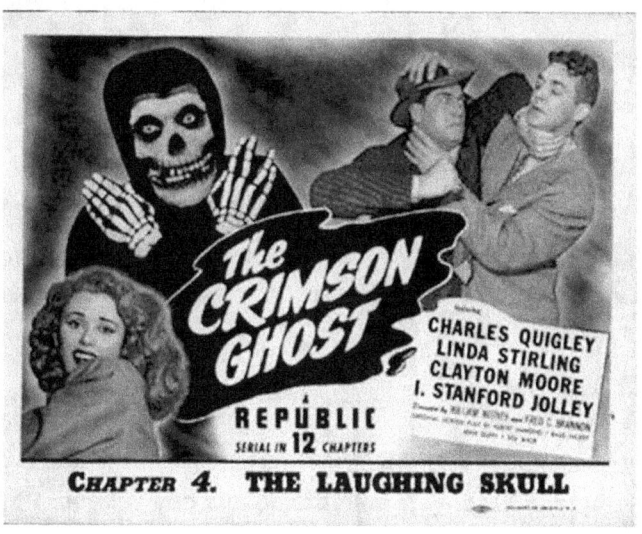

¡Bye, bye, maléficos, bandidos de ley!

VELA Y VIAJES

No hay duda de que velerear es mejor que caminar…

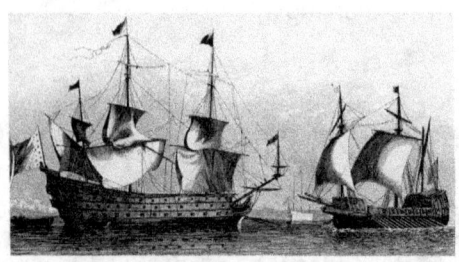

Volar, en avioneta sabrosongo y rápido…Vela, hay que "integrar" lo que te dispone el mar y el viento. No vas a llegar antes de que llegues… ¿Cuánto tiempo falta? Siempre, en vela, es ¡"ni idea"!… pueden ser horas o días o meses…

¿Qué podré decir de nuevo sobre velerear? Hay que "relax" y da sueño… Al mar hay que respetarlo y coger la misma cadencia de lo que te ofrece. Lo llamo yo **"Ritmo d´Accord"… (nombre de mis dos veleros: Ritmo d´Accord y Ritmo d´Accord Too).**
    "Ritmo" … cadencia, movimiento, ¿qué sé yo?
    "D´Accord"… siguiendo la cadencia…

Hay también ritmo pegáo… o rítmico, como dice arriba, "sabrosongo" o como dicen en Barranquilla "carnavalesco" o en Rio de Janeiro "zaperozongo" o en Caracas "no me jodas" o "chévere cambur" o "chévere banana" – así lo decía mi querido amigote José Funes, maquinista superior, banderillero portentoso… baila pegáo con Peter O´Toole…1.

¿Dónde andará el Funesto Funes? A lo mejor está en el cielo buscando la llave inglesa que echó al aire en "El Cine Soy Yo" ¡y que nunca cayó al suelo!

Pero volvamos a la vela. El "**spinnaker**" (vela para las competencias con viento el popa) que me diseñó mi amigo, el artista **Carlos Cruz Diez**. ¡Qué hermosura!

Viajar es vivir un poco más... "lentosamente"... mirar el cielo y las estrellas, sentir el viento fresco de la noche... escuchar el ruido de las olas... sin televisión y sin radio...

1(Ref. Páginas 198 a 210 de mi otro libro "Asómate Hacia Adentro" 2010.)

VELEREAR ES VIVIR...

Caracas, 4 de abril de 2016

TRAGAR Y COMER

¿Cuál es la diferencia entre tragar y comer?

Tragar es un gesto casi automático, y comer puede ser más cuidadoso, ya que hay que escoger lo que uno va a comer y prepararlo con gusto.

Picante: Algo que parece ser general en el mundo entero es el uso del picante. En Méjico la gente come con picante, ¡con ganas! El ají chirel junto al ají dulce. En Caracas, de mi manera. "El picante de casa LAR/FAFA" está preparado con el famoso ají dulce, sal, chireles, leche (que neutraliza el picante y lo hace más digestivo) y aceite de oliva. Todo esto se coloca en una batidora y se bate, al ojo porciento hasta que quedan pedacitos "medio/enteros", cosa que no es posible ya que, o están enteros o líquidos, pero yo inventé esa palabra "medio/enteros", como diría Humpty Dumpty… y lo mismo diría el señor Charles Barré, padre de mis esposa que siempre estuvo abierto al significado de las palabras.

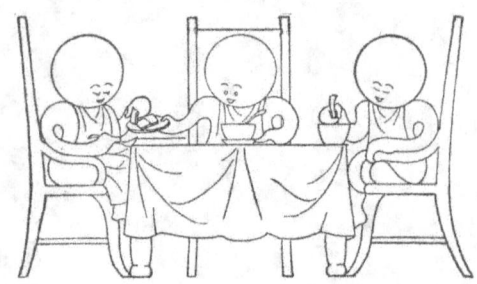

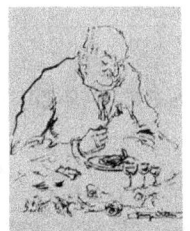

Los antiguos libros de cocina, a menudo decían, "**échele**" (el ingrediente) "**al gusto**". Esto es lo más correcto porque todo cocinero va probando y rectificando. Igualmente las recetas familiares vienen de generación a generación a través de un pequeño carnet dónde el cocinero o (a) apunta y ratifica... Casi se puede comparar con lo que hacían los alquimistas... pero no es oro como lo que buscan como **Nicolás Flamel** sino comida para comer y saborear, no solo tragar.

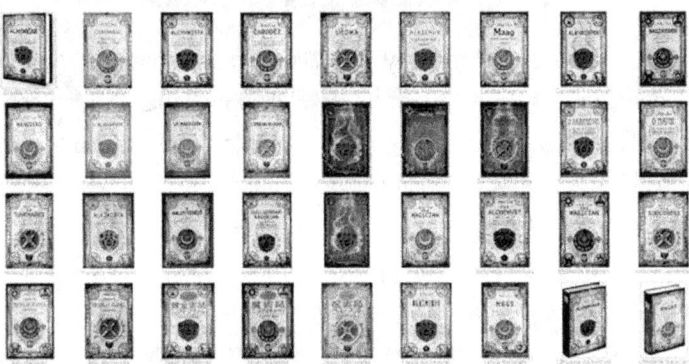

La preparación de la comida familiar es algo que se hereda. Recuerdo a mi hijo menor Alonso Roche que me observaba, en Vermont, con intensidad cuando yo preparaba alguna vitualla. A seguidas, estudiando en la Universidad televisión, siguiendo con internet, y producción de cine y video, se quitó la máscara forzada por querer copiar, o darle gusto, a su padre, "abrió la paleta" como diría un pintor y se convirtió en cocinero y maestro de cocina dando clases en una escuela de gastronomía en Bethesda. Es interesante el proceso... Me encanta observar a Lono cuando cocina porque veo, en sus movimientos, un ballet gastronómico.

Por el Valle de Willamette LA GRANDEZA DE LOS VINOS DE OREGÓN, por Luis Armando y Fafá Roche

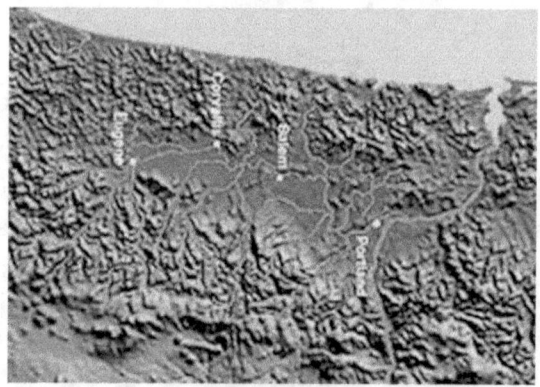

Durante los meses de mayo y junio 2013 "nos tomamos" (así se debe llamar) vacaciones de nuestro trabajo en el cine nacional y viajamos al oeste extremo del continente norteamericano. La ciudad de Portland, en el estado de Oregón, fue la primera etapa. Luego visitamos el valle del rio Willamette al sur de Portland. Oregón igualmente tiene costa sobre el Pacífico con excelentes playas —aunque el agua es horrendamente fría para bañarse— pero también hay restaurantes y, claro, pescado y mariscos estupendamente frescos. Antes de hablar de sus vinos, les ofrecemos una visión de una ciudad realmente maravillosa.

Portland es llamada La Ciudad de las Rosas por la enorme variedad de flores de ese tipo que allí crecen. Hasta 1975 Oregón era una tierra agrícola y tranquila. A partir de esa fecha, empresas francesas y californianas, productoras de vino, se dieron cuenta que sus suelos permeables y sus climas eran propicios para sembrar viñas para hacer vino de calidad. Estas compañías, entre las cuales estuvo Mondavi, el gigante productor de vinos de California, ayudaron a financiar el desarrollo de esta industria.

Eso trajo lo que acompaña al vino: el arte de la comida, un turismo diferente y mucha labor para los trabajadores de esta nueva industria.

En el deporte Portland tiene un equipo de fútbol de pie, los Firebirds, y uno de footballnorteamericano, los Oregon Ducks.

Tiene igualmente múltiples actividades culturales de teatro, museos, entre ellos el Oregon Museum of Science and Technology, donde se muestra un submarino de 240 pies, el Portland Art Museum dónde se exhiben 35 siglos de arte asiático, europeo y norteamericano. También hay un museo para los niños, el Children's Museum, dónde artistas plásticos convierten basura en creación. Portland posee también un Museo de 3D y de la Fotografía (3D Museum of Photography) donde se exhiben una curiosa colección de fotos estereoscópicas de la era nazi. Al sur existe un enorme museo de la aeronáutica (Evergreen Aviation Museum) donde se encuentra, entre otros, el avión original The Spruce Goose (El Ganso de Abeto) del excéntrico millonario Howard Hughes, aviador y productor de cine, el hidroavión más grande que se haya construido ¡y que voló una sola vez!

En música, Portland es sede del Festival Internacional de Música de Cámara Festival (International Chamber Music) y la ciudad es sede de la Orquesta Sinfónica y de la Juvenil de Portland. Igualmente se presentan anualmente varios festivales de música popular, rock y country.

Recomendamos visitar la Powell City of Books, la librería independiente de libros usados más grande del mundo.

Portland se convirtió en un anexo del célebre Silicon Valley de California. Es también la sede de las compañías internacionales, como Adidas, Intel, Nike y Columbia Sportsware.

En Oregón se creó el primer Roll-O-Plane o Looping the loop (suerte de Montaña Rusa) que ha sido utilizado en parques de atracciones del mundo entero.

El nuevo paraíso de los vinos norteamericanos. A pocos minutos por carretera hacia el suroeste de Portland se encuentra el valle de Willamette. Por ese valle corre el rio Willamette que ayuda crear en la región variados macroclimas muy favorables para el crecimiento de viñas y la producción de excelentes vinos. La temperatura en verano no llega a ser tan caliente como en las ciudades de los alrededores, y en invierno, solo nieva pocos días al año. La lluvia es tan extensa que todo lo vegetal florece.

Los grandes cotos de viña de Oregón son Chehalem Mountains, Ribbon Ridge, Yamhill Carlton, McMinnville, Dundee Hills y Eola-Amity Hills. Los caldos más famosos que allí se producen son los de la cepa Pinot Noir y crecen al borde del rio Willamette. Son 3.4 millones acres, pero cada terroir tiene su propio macroclima y suelos que producen las distintas características de los vinos. Por algo la uva fue designada la flor del Estado de Oregón.

En las montañas Chelahem, por su variedad de suelos, se producen algunos de los más cotizados vinos como los Ponzi, Adelsheim Chehalem (Coral Creek) y Rocco. Los caldos van desde muy livianos y delicados, a los altamente estructurados.

A los vinos de Ribbon Ridge se les nota un residuo del Pacífico que se encuentra cerca. Los vinos saben a fruta negra, epizada, con armónicos de chocolate. Algunos viñedos de Ribbon Ridge son Beaux Fréres, Brick House Chehalem (Ridgecrest), Patricia Green y Trisaetum.

Viene luego el terroir de Yamhill Carlton que se distingue por suelos ricos en sedimentos marinos. Los caldos tienen tendencia a "carnosidad" con sabor frutal y, a menudo, son muy perfumados. Los viñedos son Elk Cove, Patton Valley, Shea, WillaKenzie, Soter and Ken Wright (Savoya, y Abbott Claim).

Los Dundee Hills están plantados sobre terrenos que contienen arcilla y basalto. Los vinos saben a frutas rojas con calidad terrosa y francos armónicos. Incluyen Archery Summit, Bergsrom, Domaine Drouin, Domaine Serene, y Erath.

En el Distrito de McMinnville las viñas se encuentran plantadas en la parte inferior de las montañas costales y cerca del pequeño pueblo de McMinnville. Vientos de la costa soplan a través del Paso de Van Duzer creando este macroclima. Produce vinos firmemente bien estructurados. Sus viñedos incluyen los Brittan, Maysara, Yamhill Valley y Youngberg Hill.

El terroir de Eola-Amity Hills se encuentra a los pies la ciudad de Salem, capital del estado de Oregón, sobre una pequeña montaña. Los suelos son superficiales de origen volcánico y de rocas sedimentarias. La exposición a los vientos del mar enfría la región durante el verano. Los caldos tienen sabor a frutal oscuro y a veces se notan sabores minerales. Esta región incluye Amity, Bethel Heights, Cristom, Evening Land y Witness Tree.

Nuestra cata incluyó vinos, sparkling wines y eau de vie. Les colocamos una puntuación del 0 al 10, según nuestra apreciación de la calidad.

1. Adelsheim, Pinot Noir 2011 (Willamette Valley, Oregón) 8/10. Dirección: 16800 NE Calkins Lane, Newberg, Oregón (503) 538 36 52

2. Ayres, Pinot Noir, (Newberg, Oregón) 10/10.

3. Angela, Pinot Noir 2009 (Willamette Valley, Oregón) 9/10. (El renombrado productor de vino se llama Ken Wright.)

4. Lange, Pinot Gris Reserve (Willamette Valley, Oregón) 6/10.

5. Ponzi, Pinot Gris 2012 (Willamette Valley, Oregón) 6/10.

6. Willakenzie Estate, Pinot Noir 2009, Pierre Leon (Willamette Valley, Oregón) 8/10.

7. Arbor Brook, Pinot Noir 2010 (Chelaham Mountains, Oregón, Arborbrook Vineyards) 9/10.

8. Edge Field, Blanc de Blancs. sparkling Brut. 7/10.

9. Pear Brandy, Clear Creak Destilery. 9/10. Excelente.

También damos nombre de algunos hoteles y restaurantes que visitamos:

• En Carlton, Oregón, La Cuvée. Para mí el mejor restaurante donde comimos en Oregón. Platos sencillos pero precisos e inventivos y sin "chi-chi". Quiero decir tradicional pero con tumbáo propio y originalidad. Chef francés, apartado delmainstream. El menú pequeño es totalmente excelente. El chef nos dijo que él prefería ser el mejor de pequeño pueblo que uno de tantos de una gran ciudad.

• En Mcminnville, A Tuscan Estate, Bed and Breakfast. Dueños: Liz y Jacques Rolland tel : 1800 441 2214 y 503 434 9016. Tienen un pequeño "apartamento" anexo a la casa principal que es muy recomendado y cómodo. Reservar con tiempo.

• En Mcminnville, el Oregon Hotel, Albergue tradicional en el medio del pueblo, buen bar.

• En Mcminnville, French Bistrot. Buena comida en el centro del pueblo. Chef francés.

Caracas, 7 de abril de 2016

SIGAMOS y CONTINUEMOS

Uno de los conceptos más importantes que he escuchado es "seguir" o "continuar…".

El Humboldt mayor, en la escritura de mi queridísimo co-guionista Jacques Espagne lo dice muy inteligentemente dirigiéndose a Bonpland y al maestro Pedro:

"Morir aquí nos convertiría en héroes de leyenda… tenemos mejores cosas que hacer… Vamos… vengan… "el niño frágil" del cual hablaba mi madre… ¡LES EXIJE!: ¡Coraje! ¡Continuemos!" "Continuar… continuar… Eso fue lo hicimos los tres, cada uno a su manera…"

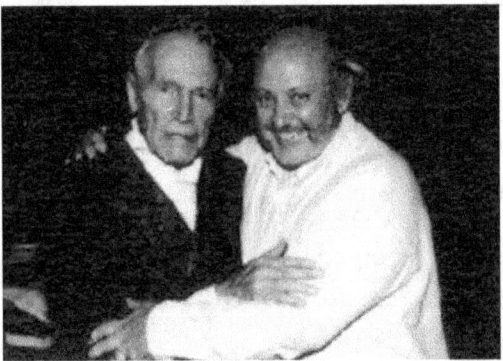

Wolfgang Preiss (Humbold Mayor) y Luis Armando Roche como Siefert Valet de Humbold

Continúa Humboldt en su sitio de trabajo: "Aunque mi vida a durado 90 años, el pasaje me parece algo corto… apenas más largo que el curso del Casiquiare, río sin fuente que logramos finalmente alcanzar, y las aguas del cual parecen vacilar en permanencia entre el Orinoco y el Amazonas, esos grandes caudales en los cuales terminan fundiéndose… como las moléculas de los tres se fusionaron en el Cosmos.

¿Quién sabe si no son más útiles hoy en día como gravilla de un parque público, o en el plumaje de un pájaro… Pero nuestra obra perdura. Nuestra mistad también. La muerte no puede acabar con ambas. Sé que esta hipótesis no tiene nada de científico… ¿Pero no será acaso ésta nuestra eternidad?

¿ETERNIDAD?

(B) LA SEGUNDA PARTE

Publicación de una obra inédita que Luis Armando Roche escribió con Mabel Vellaz, y que le "trotina" aún dentro de su cabeza.

"MUNDO DE BEBE" 2001

Y un guión inédito para cine escrito con Sonia Chocrón 2005/2016.

"CAROLINA Y LA MAMAMA PARTERA" 2016

Lo que sigue está en la página

MUNDO D BEBÉ

14 de abril de 2016
(21-6-2001 1er guión)

Guión © 2001 Luis Armando Roche y Mabel Vellaz

Asesora Educativa Mabel Vellaz

Música Federico Ruiz y del folklore popular

Gráficos y animación José Luis Sanjuan

Productor Ejecutivo Alonso Roche

Producción Marie-Françoise Roche

Dirección Luis Armando Roche

Extractos autorizados del libro "Poemas y Más Poemas" de "El

Taller", grupo de educación por arte. Directoras Antoinette Roche y

Mavel Vellaz, editado por el Consejo Nacional de Cultura C.N.A.C

Caracas, Venezuela - 2001

1

---

[1] Notas generales:
- Desde la secuencia a al 3 se incluye el logo y divertidas y poéticas de introducción.
- Durante el progreso del video, la edad de los niños va en forma ascendente de 3 meses a un año.

1 LOGO Y PRESENTACIÓN DE LA SERIE – 15 seg.

Logotipo musical de la serie – comunicación entre el animador y el músico para tiempos, diseño, etc.

Se va formando una montañita de arena que cae sobre una superficie plana. Una gota de agua a alta velocidad, cae sobre la parte superior de la montañita. De allí nace un bello y frondoso árbol tropical.

FADE OUT
(fin de música de logotipo)

2 ESPEJO Y BIBERÓN – 30 seg.

(9 meses – niño criollo)

NOTA AL MONTAJE: Estas próximas dos secuencias (2 y 3) se montarán entrecortadas entre ellas. En paralelo, al ritmo de la música. Son parte de la "introducción del video).

FADE IN

- Música alegre con ritmo de carácter latinoamericano. Esta misma música continúa con la secuencia que viene.

Se coloca un biberón detrás del niño. Frente a él un espejo. El niño va hacia el espejo para tomar el biberón. Toca al espejo y nota que el biberón es virtual, se voltea y reconoce que detrás de él está el verdadero biberón, y lo toma.

FADE OUT

3 BALLET DE NIÑO QUE BUSCA – 15 seg

(niños entre 6 y 10 meses. 2 niños y 3 niñas de diferentes razas: blanca, negra, indígena, asiática y criolla)

FADE IN

Activos, simpáticos y sociables. Gatean, en pañales (la o el indígena, con guayuco) sobre el piso de un fondo blanco "sin fin". A los bordes de los "backings" laterales y frontales colocaremos espejos que los reflejarán. El montaje hará que cambien de rumbo contantemente. Al final de la secuencia uno de los niños se acerca a cámara, toca la lente y se ríe.

(fin de música)

FADE OUT

4 SITUACIÓN DEL NIÑO CON LA FAMILIA

(9 meses Pareja interracial – madre lactando – niño criollo)

(TEMA DE AMOR MUSICAL)

Indistinto que sea niño o niña, lo importante es que haga gorjeos y sea atractivo (a). El bebé se encuentra acostado en su cuna en pañales. Mueve una maraquita. (que sea pulcra para que el bebé se la pueda llevar a la boca sin peligro. El ruido que debe hacer debe provenir de algún material que haga un sonido suave y sincopado. OJO: no debe ser pintada ni contener ningún elemento tóxico como el plomo, etc – podría ser de goma.

El niño se chupa la manito, mueve las piernas, la cabeza y los ojos que buscan hasta que se fijan en un objeto (que dista de 6 metros). Entran en cámara del fondo. El papá y la mamá. Acarician con cariño al niño, su cabeza, sus brazos u sus piernas.

MAMÁ

¿Cómo está el amor de papá y mamá?

PAPA

Pedacito de cielo…

Levantan al niño y lo cargan juntos. La madre lo toma y le ofrece el pecho. El padre los observa y los abraza.

(9 meses Pareja interracial – madre lactando – niño criollo)

(TEMA DE AMOR MUSICAL)

Indistinto que sea niño o niña, lo importante es que haga gorjeos y sea atractivo (a). El bebé se encuentra acostado en su cuna en pañales. Mueve una maraquita. (que sea pulcra para que el bebé se la pueda llevar a la boca sin peligro. El ruido que debe hacer debe provenir de algún material que haga un sonido suave y sincopado. OJO: no debe ser pintada ni contener ningún elemento tóxico como el plomo, etc – podría ser de goma.

El niño se chupa la manito, mueve las piernas, la cabeza y los ojos que buscan hasta que se fijan en un objeto (que dista de 6 metros). Entran en cámara del fondo. El papá y la mamá. Acarician con cariño al niño, su cabeza, sus brazos u sus piernas.

MAMÁ

¿Cómo está el amor de papá y mamá?

PAPA

Pedacito de cielo…

Levantan al niño y lo cargan juntos. La madre lo toma y le ofrece el pecho. El padre los observa y los abraza.

5 GRÁFICA (30 SEG.) – REPETIR EN 8 B

Valores contrastantes y formas abstractas negro, blanco rojo y azul.

Esta animación se volverá a repetir en los sitios marcados.

6 NIÑO JUEGA CON MÓVIL (20 SEG.)

3 meses – niña blanca

Alerta, que sepa jugar con el móvil. Está sobre su cuna. El móvil que

asemeja 8 pajaritos cuelga sobre él.

(Móvil de pajaritos)

A diseñar y fabricar – pajaritos *origami* que sirvan para animar la

próxima secuencia. El niño juega con el móvil.

7 ANIMACIÓN DEL MÓVIL (20 SEG.)

El móvil se convierte en 8 pajaritos animados.

NIÑA EN OFF

"Los pájaros son pensamientos que tiemblan"

Otra voz melódica cuenta números.

VOZ DE MUJER EN OFF

1...2...3...4...5...6...7...8

8 MADRE Y GORGEO (15 SEG.)

3 meses

La niña se muestra contenta. La mano de su madre la estimula al gorgeo, "ajó", etc.

8 B REPETICIÓN DE LA ANIMACIÓN 5B (CON COLORES MÁS VISTOSOS)

(fin de la música del tema de amor)

FADE OUT

9 ANIMACIÓN DE MUÑEQUITAS DE TRAPO NEGRAS VESTIDAS DE ROJO (30 SEG.) **REPARTIDO EN DOS PARTES**

Esta animación volverá a repetirse en el sitio marcado 10B.

4 a 6 meses.

(comienzo de la música de 4 a 6 meses)

FADE IN

18 muñequitas de trapo bailan, hacen formas geométricas, etc.

VOZ DE HOMBRE EN OFF

A...E...I...O...U

10 MANO ADULTA COLOCA TACOS DE LETRAS (20 SEG.)

Una mano adulta coloca tacos de letras.

VOZ DE MUEJER EN OFF

A...E...I...O...U

10 B REPETICIÓN DE LA ANIMACIÓN (30 SEG.)

11 NIÑA JUEGA CON MUÑEQUITA DE TRAPO (10 SEG.)

4/6 meses niña indígena en guayuco.

Una niña sentada – detalle – asegurarse que se logre sentar firmemente, juega con una muñequita de trapo negra. Gira sobre si misma y queda sobre su barriguita, levanta la cabecita y se encuentra frente a un espejo. Abraza la muñequita.

DISOLVENCIA

12 TRANSICIÓN DIBUJO "EL TUCUSITO" (12 SEG.)

(portada)

DISOLVENCIA

13 LA NIÑA Y EL ESPEJO (15 SEG.)

4/6 meses niña indígena en guayuco y madre indígena en vestuario yekuana.

VOZ MADRE INDÍGENA (EN YEKUANA)

Nené…linda…

La niña la mira en el espejo. La imagen de su madre se refleja igualmente a la vez que la de la muñequita negra.

VOZ EN OFF DE OTRA NIÑA

Me estoy mirando como en el espejo, en el hielo

de lindos colores. (pag. 105)

DISOLVENCIA

14 TRANSICIÓN IMAGEN "LOS ANIMALES SE BAÑAN EN EL RIO" (20 SEG.)

VOZ EN OFF DE NIÑA

Del árbol cayó una hoja, en el viento voló

una hoja, cayó en el río. La rana del sol fue

navegando encima de la hoja

y entró en el sol. (pag. 128)

DISOLVENCIA

15 TEMPERATURAS (20 SEG.)

4/6 meses

Un niño sobre su silla alta rodeada de su padre y su madre que le dan de comer. La madre le ofrece una cucharadita de sopa, deja caer una gota sobre su mano, gira su brazo para enfriar el líquido, y le dice suavemente…

MAMÁ

Caliente…

SE LO DA AL NIÑO.

DISOLVENCIA

16 TRANSICIÓN IMAGEN DE "EL CARACOL" (20 SEG.)

Movimiento de cámara sobre la imagen del caracol (pag. 1529

DISOLVENCIA

17 TEMPERATURAS 2 (20 SEG.)

4/6 meses (niño negro)

Pasa el tiempo. Elipse. Ya no está el plato de sopa. Ahora el niño come helado de frambuesa. El padre se lo ofrece. El niño lo toma y hace un gesto de sorpresa por el frío.

PADRE

Frio…

(fin de música 4/6 meses)

FADE OUT

18 TRANSICIÓN "LA MALA SUERTE" (20 SEG.)

(Comienzo de la música de 7/8 meses)

Movimiento de cámara sobre la imagen de "La Mala Suerte" pag. 84

VOZ DE LA NIÑA EN OFF

Tus manos me recuerdan a un

pañuelito diciendo adiós.

(Pag 101)

DISOLVENCIA

19 SE SIENTA Y EXPLORA SU MANO (20 SEG.)

7/8 meses (niña asiática)

Una niña logra sentarse. Diferencia el cuerpo del objeto, explora su

mano. La madre hace el movimiento de la mano y el niño mima.

MADRE

(canta en off)

Que linda manita que tengo yo. Tan

linda y bonita que Dis me dio.

DISOLVENCIA

20 TRANSICIÓN COPLA PAULA ROMER (20 SEG.)

(música debe estar en sincro con el movimiento y desaparición con la

ardillita – verse entre animador y músico)

Animación sobre la imagen "Copia" pag. 124. La ardillita se esconde

en su hueco.

MAMÁ

Allí va la ardillita…¡Se fue!

DISOLVENCIA

21 BUSCA OBJETO ESCONDIDO (20 SEG)

7/8 meses (niño criollo)

Un niño sentado en el suelo tiene un objeto tapado por una pequeña

colcha.

PAPÁ

¡No está!

El niño lo destapa y lo toma.

NIÑO

¡Tá!

Se ríen juntos.

DISOLVENCIA

22 TRANSICIÓN "EL PÁJARO TRANSPARENTE" (20 SEG.)

VOZ DE NIÑA EN OFF

El pájaro transparente deja

ver el pez en la barriga.

DISOLVENCIA

23 BUSCA PERSONA ESCONDIDA (45 SEG.)

7/8 meses – niña criolla

Niña concentrada "buscando". De pronto aparece una ventana vacía

en la pared blanca. Ventana de "dibujo animado".

MAMÁ EN OFF

Se fue…

Aparecen el padre y la madre y la saludan.

PAPÁ

Aquí está…

Ambos se esconden.

MAMÁ EN OFF

Se fue…

Ambos aparecen de nuevo.

NIÑA

Etá…

Se tapa los ojitos con las manos.

NIÑA

No está…

24 LA MAMÁ Y EL PAPÁ APARECEN (12 SEG)

El papá y la mamá aparecen frente a ella. La niña se quita las manos
de la cara.

NIÑA

Tá.. Ven, ven…

Los os se acercan a ella y se abrazan.

(fin de música de 7/8 meses.

FADE OUT

**25 TRANSICIÓN IMAGEN "LA YEGUA SUEÑA CON
UN CONEJO"**(20 SEG.)

Movimiento de cámara sobre la imagen.

Comienza la música de 9 meses – El tema del caballito, más alegre y rítmico.

26 CABALLITO/PADRE (20 SEG.)

9 meses (niño negro)

El padre sentado coloca al niño sobre su pie, lo toma de las manos y lo mece SUAVEMENTE. La música del caballito volverá pero con cadencias más alegres y aceleradas.

PAPÁ

Hop, hop, hop, caballito hop,

corre ligerito, corre ligerito,

hop, hop, hop, caballito hop…

Ambos ríen.

FADE OUT

(fin de música)

27 TRANSICIÓN "LA NIÑA DE BOCA DE PATILLA" (20 SEG.)

(comienzo de música de muecas)

Movimiento de cámara sobre la imagen.

FADE IN

28 IMITACIÓN DE GESTOS (25 SEG.)

9 meses (negra, blanca, indígena, criolla y asiática)

(la música se torna más graciosa y rítmica)

41 niñas y niños imitan gestos: gatean, viejita, saca lengua, se ríe, bravo, llora, el monto, se ríen (queda pendientes intercalar dibujos de expresión realizados por los niños).

FADE OUT

(fin de música 7)

29 ANIMACIÓN DE TACOS DE NÚMEROS (20 SEG.)

(comienzo de la música "matemática" recuerdo de

música de tacos anteriores)

Animación evidenciando el movimiento palmario de tacos.

DISOLVENCIA

30 TACOS, CUBOS NÚMEROS (20 SEG.)

Dos niños colocan un taco sobre el otro. Movimientos palmarios. Mano de adulto colocando otros.

MAMÁ EN OFF

Más grande, más pequeño…

otro más…

31 TRANSICIÓN DE ANIMACIÓN CON PORFIAOS (20 SEG.)

(música debe seguir sincronizada a la animación)

32 PON PON (35 SEG.)

10 meses

Un niño con su manecita extendida y su dedito hace este juego.

MAMÁ EN OFF

Pon, pon huevito, pon…

(fin de música 8)

FADE OUT

33 MAMÁ ONOMATOPEYA (4 SEG.)

FADE IN

(comienzo de la música 9 – ojo con el sincro)

Diferentes niños (2 niñas y dos niños) emiten sonidos onomatopéyicos.

MAMÁ

¿Cómo hace el perrito?

34 ANIMACIÓN PASA PERRITO (10 SEG.)

Las animaciones de los animalitos se van a realizar con fotografías en blanco y negro intervenidas en color.

35 NIÑA (4 SEG.)

10 meses

NIÑA 10

Guaff...

36 PAPÁ ONOMATOPEYA (4 SEG.)

PAPÁ

¿El gatico?

37 ANIMACIÓN PASA GATICO (10 SEG.)

38 NIÑO 10 (4 SEG.)

10 meses

NIÑO 10

Miauuu.

39 MAMÁ ONOMATOPEYA (4 SEG.)

MAMÁ

¿y el pollito?

40 ANIMACIÓN PASA POLLITO (10 SEG.)

41 NIÑA 10 (4 SEG.)

10 meses.

NIÑA 10

Pio, pio, pio…

42 PAPÁ ONOMETOPEYA (4 SEG.)

PAPÁ

(chistoso)

¿Y el chivo?

43 ANIMACIÓN PASA CHIVO (10 SEG.)

44 NIÑO 10 (8 SEG.)

10 meses.

NIÑO 10

Eeeeee…

Todos juntos, incluyendo los padres, hacen diferentes sonidos y ríen.

(fin de música 9)

FADE OUT

45 TRANSICIÓN NIÑO GATEANDO QUE CRUZA LA IMAGEN

10/11 meses.

(comienzo música 10, recordando la música del gateo del comienzo)

46 AREPITA DE MANTECA (15 SEG.)

Un niño indígena y una niña de 9 meses, criolla. Mamá indígena en ropa de ciudad y el papá criollo.

Aplaudiendo palmas.

MAMÁ

Arepita de manteca, para mamá que da teta.

PAPÁ

Arepita de cebada para papá que no da nada.

El papá mima estar triste, que llora… La mamá y los niños ríen.

Todos ríen.

DISOLVENCIA

47 ANIMACIÓN AREPAS, TORTILLAS, TAMALES, HALLACAS QUE CRUZAN LA PANTALLA (20 SEG.)

Música al sincro con la imagen.

DISOLVENCIA

48 MÍO 1 (12 SEG.)

Niño 13 meses.

Un niño de 13 meses (blanco) carga dos pelotas bajo del brazo. Dos niñas (indígena y asiática) más pequeñas lo miran.

NIÑO 13

¡Mío!

49 MIO 2 (12 SEG.)

Niña 13 meses, negra.

Posesiva – de una muñequita de trapo (diferente de la negrita – muñequita multicolor)

MAMÁ

¿De quien es esta muñequita?

NIÑO 13

¿MÍA!

Y la abraza contra ella. La mamá las abraza a las dos.

50 PAPÁ BAÑA AL NIÑO (20 SEG.)

Niño de 13 meses criollo.

El padre baña al niño, en la bañerita, se encuentran muchos juguetes (ninguno plástico). El padre y el niño se divierten.

51 ANIMACIÓN PELOTICAS, NÚMEROS Y LETRAS (20 SEG.)

Peloticas, números y letras "bailan".

MUJER EN OFF

1,2,3,4,5,6,7,8

HOMBRE EN OFF

A,BE,C,D,E, F, G

52 COMPRO UN HUEVITO (20 SEG.)

13 meses, la misma de sec. 50

Sobre el catre del baño, el papá y la mamá juegan con el niño. Le agarran la mano y con cada estrofa le toman un dedito, comenzando por el meñique.

PAPÁ

Este compró un huevito, este que quitó la cáscara...

MAMÁ

Este le puso sal, éste lo frió, y este…

PAPÁ

…Y este gordiflón…

MAMÁ

¡Se lo comió!

Ambos le toman el brazo y van subiendo poco a poco, diciéndole…"por aquí… por aquí… por aquí…" llegan a la axila, el cuellito y la barriguita y el niño ríe, se retuerce de risa.

53 ANIMACIÓN CON MANOS (20 SEG.)

Expresiones de las manos y sombras chinas.

54 DACTILOPITURA (30 SEG.)

3 niños y 2 niñas – de 2 años a 3 años de todas las razas.

Con las manos embadurnadas de pintura: amarilla, azul, rojo y verde, entran en cuadro e imprimen sobre el fondo blanco su manos. Esta secuencia se va a repetir de nuevo con otro montaje.

55 ANIMACIÓN DE MANOS EN PARED QUE SE CONVIERTEN EN CUBOS Y LETRAS (20 SEG.)

(termina música 10)

FADE OUT

56 NIÑO SENTADO EN SOFÁ RODEADO DEL PADRE Y DE LA MADRE (20 SEG.)

FADE IN
(comienza la música de dormir)

Un niño mira un libro y señala los dibujos...

(Libro de sueños (posibilidad de utilizar el de Diana Abreu o de fabricarlo)

...y da vuelta a las páginas. El padre y la madre interactúan.

57 SE DUERME (50 SEG.)

10 a 11 meses niño criollo.

El mismo niño se encuentra acostado en su cama.

MAMÁ

¿A ver cómo duerme el niño?

El niño se cubre a medias con su cobija.

MAMÁ

Duérmete mi niño que tengo que hacer,

lavar los pañales y hacer de comer…

El padre entra y los besa.

PAPÁ

Duérmase mi niño, yo lo dormiré,

con la maraquita de Julián José…

La mano de la madre termina de cubrirlo. El niño se tapa los ojos con

sus manos.

FADE OUT

(fin de música 11)

58 ANIMACIÓN TORTUGAS (20 SEG.)

Tortugas en movimiento. Vista senital de pequeñas tortugas que

suben y bajan utilizando el caparazón como recurso gráfico.

(comienzo de música 12)

59 MECERSE ACOMPAÑADO (25 SEG.)

11 meses – una niña blanca 1 año

La mamá tiene a la niña sobre las rodillas y sentada sobre un

mecedor, sosteniéndole los brazos le aplica un movimiento de

mecerse.

MAMÁ

Serrar, serrador, serrar con amor,

serrar una tablita, para hacerle

una casita a esta niña tan bolita. ¡Pon!

60 MECERSE SOLO (20 SEG.)

un niño negro de 1 año y su padre negro

Un niño está sentadito sobre el piso y se mueve de atrás para

adelante mientras escucha la voz de su papá.

PAPÁ

Aserrín, aserrán, los maderos de San Juan,

piden pan, no le dan, riqui riqui, riqui flor, riqui rán…

(fin de música 12)

FADE OUT

61 ANIMACIÓN DE LA DIFERENCIA ENTRE PALMARIO Y

PINZA (15 SEG.)

(comienzo de música 13, en sincro con la animación)

Manos toman objetos en forma palmaria y otras como pinzas.

Manos de ambas formas se desplazan por el espacio abriendo

y cerrando.

62 RIQUIRIQUI (8 SEG.)

Una mano entra con un riquirriqui y lo hace sonar en forma de pinza.

63 ANIMACIÓN EL RIQUIRIQUI. MANOS SURGEN Y

SE TRANSFORMAN EN PÁJAROS (20 SEG.)

La función de pinza queda establecida con el movimiento del riquirriqui, las manos y las alas de los pájaros. Se multiplican y salen volando acompañadas de la música y el ruido del riquirriqui. Se convierten en cubitos.

64 TACOS, CUBOS Y CÍRCULOS (20 SEG.)

12 meses – niña asiática y niño criollo.

Dos niños colocan un cubo sobre el otro. Los cubos tienen números, indicación de la mamá de la modificación de tomar el objeto en forma palmaria y de pinza.

MAESTRA

1...2..3..4..5

(fin de música 13)

FADE OUT

65 LOS MOROCHOS 1

14 meses y papá y mamá.

(comienzo de música 14 música de canción para ser escrita por Federico Ruiz.)

Dos morochos se levantan (una niña y un niño) caminan y caen. Diferentes reacciones. Se sorprenden, ríen, lloran, se rinden, insisten… Mamá y papá los ayudan.

MAMÁ

Currutá, currutaquito…

PAPÁ

Estrellita y gordito…

66 ANIMACIÓN DE UNA ESTRELLITA Y UN GORDITO (8 seg.9

67 LOS MOROCHOS 2 (10 SEG.)

Continúa.

MAMÁ

Bravito y vivito…

PAPÁ

Querrequerito y tucusito.

68 ANIMACIÓN DE DOS PERSONAJES MOROCHOS DE ARRIBA

(10 SEG.)

69 LOS MOROCHOS 3 (8 SEG.)

Siguen.

MAMÁ

Cloriforcita y merey...

70 ANIMACIÓN NIÑA COLIFLOR Y EL MEREY (10 SEG.)

71 LOS MOROCHOS 4 (12 SEG.)

PAPÁ

(a la mamá)

Dos goticas de nuestro amor.

MAMÁ

(con humor)

Menos mal que tenemos solo cuatro manos...

Ríen.

(fin de música 14)

FADE OUT

72 SEÑALAN (30 SEG.)

12 meses (niña criolla) Padre y madre.

FADE IN

(comienzo de la música 15)

En línea se encuentran todos los juguetes que se han utilizado anteriormente. El padre, la madre y el niño se encuentran sentados en el piso blanco.

MAMÁ

¿Dónde está la muñequita?

La niña lo señala.

PAPÁ

¿y el pajarito?

La niña lo señala.

MAMÁ

¿y el ojito?

PAPÁ

¿y la boquita?

MAMÁ

¿los dientes?

PAPÁ

¿la nariz?

La cámara va hacia atrás haciendo un movimiento de grúa y se aleja de la familia. La familia se divierte. Al fin de la secuencia se abrazan y ríen.

(fin de música 15)

FADE OUT

73 UN NIÑO JUEGA PELOTA (10 SEG)

14 meses y hermano de 3 años.

Un niño de 14 meses con su hermano de 3 a 4 años pasan pateando una pelota.

FADE IN

74 COLOCAR PELOTICAS EN UNA COPA (30 SEG.)

Niña de 15 meses.

Colocar peloticas en un envase transparente.

VOZ DE MUJER EN OFF

Amarillo, azul, verde, rojo.

75 COLOCAR MATRUCHKAS

Un niño de 15 meses coloca una matruchka dentro de otra.

Fabricarlas de colores primarios basadas en las matruchkas rusas.

VOZ MADRE

Grande… pequeño…

El niño ríe.

(puente musical 16)

FADE OUT

76 IMITACIÓN DEL TRABAJO DE LOS PADRES – MONÓLOGO NIÑA/MUÑECA DE PELOS RUBIOS Y CUERDA AUTOMATICA

(30SEG.)

3 años

(música de comunicación)

Una niña auna y le da tetero a una muñequita de trapo. Le habla.

NIÑA

Teterito…a pasear…

L aniña tira de una cuerda y sale una voz electrónica.

MUÑECA

¡Soy la más bella del mundo!

La niñita intenta hablar por teléfono pero se le hace muy complicado y lo deja. Le habla de nuevo a la muñeca mecánica directamente.

                    NIÑA

            No, pasear… jugar…

Tira de nuevo la cuerda.

                    MUÑECA

            Soy la más hermosa, la más bella, la más bella…

El sistema se queda pegado. La niña le tapa la boca.

                    NIÑA

            Juagar pasera…

                    LA MUÑECA

        (contestando con la misma voz de la niña

        y moviendo la cabeza propulsada por la niña)

                    Si..

                    LA NIÑA

            ¡Pasear, jugar!

                    MUÑECA

        (responde con la voz de niña tiernamente)

Si...

NIÑA

Bueno ven...

La abraza, la coloca sobre el cochecito, recoge su carterita, se la pone y hace el gesto de la mano de "adiós" a cámara y sale paseando con su muñeca.

FADE OUT

77 VARÓN CARPINTERO (12 SEG.)

15 meses 8negro)

FADE IN

(comienzo música 18)

El niño golpetéa una cajita de clavos de madera con un martillo. Cada vez que clava suena una nota musical cuando (con el sincro.)

78 DACTILOPINTURA BIS (30 SEG.)

Repetición con segundo montaje de la secuencia 54.

79 LIBRO Y MADRE (35 SEG.)

16 meses (Criollo y madre igual)

La mamá está sentada sobre una silla al lado del pequeño y le pasa las páginas del libro.   Libro oso hormiguero (de cartón a fabricar).

MAMÁ

Había una vez un osito hormiguero que se paseaba

por la selva acompañado de su mamá, la

Sra. Hormiguero Ambos tenían un hocico y

una lengua muy grande que les servía para comer…

NIÑO

¿para oler?

MAMÁ

(sorpredidda)

Claro… también.

80 LIBRO NIÑO PENSANDO (25 SEG.)

18 meses

Ha cambiado el tiempo (cambio de ropa). El niño se encuentra aún sobre las piernas de su madre y ahora es él que pasa las páginas.

(libro de imágenes)

y que dirá una que otra palabrita. Se baja de la falda toma cubos y los

mete en unos recipientes transparentes. Mira a su madre que le dice.

MAMÁ

Muy bien.

81 ANIMACIÓN DE COLORES (20 SEG.)

colores primarios y el verde con objetos más reconocibles de nuestro

patrimonio: cuatro, pilón, arboles, flores, palmeras…(tener en cuenta

de hacer unión con los trazos de los niños).

82 NIÑOS HACEN TRAZOS (10 SEG.)

15/18 meses diferentes razas (que hable)

5 niños sentados en el suelo. Hacen trazos sobre papel.

83 NIÑA 18 EXPLORA GAVETA (15 SEG.)

18 meses + y que hable

Una niña en puntas de pie abre una gaveta y comienza a sacar todo y

tirarlo al suelo (Ropa: camisa del padre, blusa de la madre, pantalones, faldas) Entra la madre y la mira. La niña pícara, comienza a colocar de nuevo los vestidos en la gaveta.

NIÑA 18

Pón Angelita, pon amor…

La mamá la mira sonriente,

84 NIÑOS INTERACTUANDO CON PELOTA (15 SEG.)

19 meses a 21/2 años – diferentes razas

5 niños patean una pelota y juegan.

85 ANIMACIÓN DE TRIÁNGULOS CIRCULOS CUADRADOS

Animación con estos elementos.

VOZ MUJER EN OFF

(De acuerdo a lo que se vea en la animación (determinar y decírselo al que va a grabar)

86 NIÑO TRICICLO (32 SEG.)

2 y 12 a 3 años – Criolla

Una niña frente a una mesa dónde se encuentra una lonchera, termina de guardar papeles, un celular y una calculadora. Imita a su padre. Habla con un amigo imaginario.

NIÑA 3

Otra vez lunes María…¡qué trabajo!

Cierra la lonchera, se monta en el triciclo, tranca la puerta ficticia, imitando el ruido, y hace como si estuviese encendiendo un automóvil.

NIÑA 3

Egggg…zoom…zoom…

Dirigiéndose a la mamá.

NIÑA 3

Mami, vengo a almorzar.

Arranca al triciclo imitando el ruido del auto.

NIÑA 3

Besitos.

Hace un gesto de despedida a la madre y se aleja.

87 NIÑO CONSTRUCTOR (60 SEG.)

(2 niños de 21/2 a 3 años – que sean amigos, que se comuniquen bien y que hable. Uno asiático y el otro criollo.

El niño constructor coloca tacos y bloques. El otro niño - CONTADOR cuenta.

NIÑO CONTADOR

Uno, dos, tres cuatro…

Al terminar las dos torrecitas el niño constructor le coloca una pequeña tabia imitando a un puente, o una pista de aterrizaje. El niño contador saca un avioncito de madera debajo de la tabla que simula un hangar y lo coloca al principio de la tableta. Se sientan a ambos dos lados de la construcción como si tuviesen el control del avión.

NIÑO CONSTUCTOR

¿Chequeaste la gasolina y el aceite?

Buuuummmm, bummmmm.

NIÑO CONTADOR

Bummmmm, ¿Los pasajeros?

Todos con su cinturón puesto. ¡BUUMMM!

Entra un niño mayor de 8 años.

NIÑO DE 8 AÑOS

Niños, ¡dejen el escándalo!

Niño constructor mirando al niño contador.

NIÑO CONSTRUCTOR

A ese no lo llevamos…

NIÑO CONTADOR

¡Qué se quede!

Ambos niños toman el avión entre los dos y hacen el gesto de despegar. El ruido es ensordecedor. Le pasan rasante al niño 8 que sale espantado. Los niños hacen piruetas con el aparato, mientras ríen.

88 NIÑO MAYOR LEE CON EL PADRE Y LA MADRE (45 SEG.)

niña de 3 años, padre y madre, niños a caballo.

En el sin fin se simula un parque que incluye un banco y un árbol sembrado en un pote grande. El padre y la madre se encuentran sentados. El niño de 3 años lleva en la mano un pequeño velero de juguetes. El padre una lonchera que contiene sandwiches. La madre lleva varios libros.

(libro de piratas y otros)

MADRE

¿Qué te provoca leer hoy?

NIÑO MAYOR

De viajes, de veleros…

PADRE

¿De jamón o de queso?

NIÑO MAYOR

(al padre)

De los dos…

NIÑO MAYOR

(a la madre)

…de barcos de piratas…

El padre le pasa el sándwich al niño y la madre y todos comienzan a comer al mismo tiempo que leen las imágenes.

PADRE

Barbanegra tenía una pata de palo, un ojo tapado

(rié jocosamente) JO, HO, HO y un cofre llenos de

perlas verdaderas… Capitaneaba una goleta que

se llamaba "La Invencible), la más rápida del caribe…

5 niños aparecen cabalgando caballitos de palo de escoba y cabeza de trapo (media) y le dan vuelta a los que están sentados sobre el banco.

NIÑOS A CABALLO

Hop, hop, hop, caballito hop,

corre ligero como el viento…

Hop, caballito hop.

89 NIÑOS SE LAVAN LAS MANOS (20 SEG.)

2 años, 2 meses de diferentes razas

5 niños se lavan las manos… pero no dejan de jugar con agua. La mamá interviene y les seca las manos, no sin antes que ellos se echan entre ellos unas pícaras miradas.

DISOLVENCIA

90 ANIMACIÓN DE BARRQUITOS DE PAPEL EN LA MAR (15 SEG.)

Animación de barquitos de papel que navegan en la mar y se convierten en flores.

DISOLVENCIA

91 ANIMACIÓN DE FLORES TROPICALES (20 SEG.)

Una brisa hace que las flores tropicales atraviesen el espacio al compás de una música – ver secuencia próxima que los niños músicos deben ser los que generan esa música. Se escucha al fondo, en off.

MAMÁ

El arbolito del patio, cuando te

acercas a él, se desprende de las

flores y te las hecha a los pies

(fin de música 18)

FADE OUT

92 ANIMACIÓN DE TAMBORES TROPICALES QUE VUELAN JUNTO A LAS FLORES (29 SEG)

(mezclas de músicas latinoamericanas)

93 NIÑOS INSTRUMENTOS CANTO Y ENHEBRAR (25 SEG)

2 a 3 años y múltiple niños de diferentes razas.

Una niña se aparece con una cestita llena de flores tropicales y se la van aplicando a los niños en forma de collares. Coro de niños que se preparan para cantar. Otros para bailar. Algunos afinan instrumentos fáciles de afinar.

94 RONDA DE NIÑOS (40 SEG.)

2 años

CAROLINA LA MAMAMÁ PARTERA

© de Sonia Chocrín y Luis Armando Roche

V25 – 1/4/2016

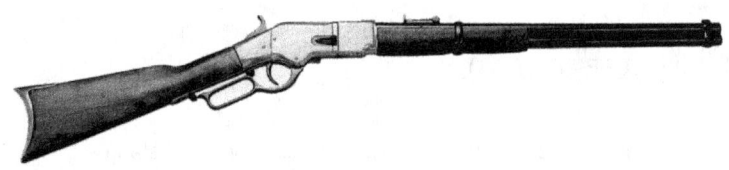

1 - EXT - AMANECER – PÁRAMO

Estamos en el 1975 en los páramos venezolanos. Llueve y relampaguea. Niebla cubre el paisaje. CAROLINA, LA PARTERA, de cuarenta y cinco años, camina cubierta por un paraguas negro y vestida de color gris. Carga un rifle Winchester 45. Se mueve sigilosamente y parece una gata.

(Los títulos van superpuestos sobre las imágenes de las secuencias del 1 al 3).

2 - EXT - AMANECER – PÁRAMO

Varios planos cercanos del agua que corre: gotas de lluvia, zapatos llenos de barro, pozos de agua repletos de reflejos, dedos, cara de la partera… lluvia corre sobre el paraguas…el rifle…

3 - EXT - AMANECER - RANCHO DE VIRGINIA

Plano general de un rancho de bahareque situado en el páramo. Lluvia y niebla.

Título:

LA CANDELARIA, ESTADO MÉRIDA, VENEZUELA – 1975

Carolina se acerca al rancho y entra.

3 - INT - AMANECER - RANCHO DE VIRGINIA

El rancho está amoblado con lo esencial. Un televisor se destaca - cual insólito "collage" - en medio de la sencillez del resto de la pieza. En una esquina humea un fogón. Está lleno de vasijas de artesanía de barro y velas prendidas. Alguno que otro bombillo – con cables a la vista - cuelgan del techo e ilumina la vivienda. El ambiente único está dividido por una cortina. En la habitación reposa una mujer en dormilona. Se trata de VIRGINIA MARIMÓN, de diecisiete años de edad. Trabaja como empleada en un taller de cerámica artesanal a varias leguas del rancho. Carolina entra. Un relámpago ilumina el interior. Carolina se sacude el agua de lluvia.

> VIRGINIA
> Epa mami…no me vayas a mojá el rancho, que
> bastante goteras tiene…

> CAROLINA
> ¿Qué tal, mi corazón?

> VIRGINIA
> Aquí, "esperando", como dicen por ahí.

Catalina se lava las manos.

> VIRGINIA

¿Y usted cómo anda?

La partera no contesta y comienza a silbar. Se acerca a Virginia remangándose las mangas. Le sonríe. Virginia le devuelve la sonrisa. Carolina le coloca las piernas en alto y le palpa el vientre.

CAROLINA

Todavía falta...

Carolina se acerca al televisor y lo prende, toma una silla, continúa silbando, saca una pequeña botella de miche claro y se toma un trago, le ofrece uno a Virginia, que lo acepta. Mientras beben se concentran en las imágenes de una telenovela.

4 - EXT - AMANECER – CERCA DEL MAR (TV)

En la pantalla del televisor dos personas de abrazan y se besan frente al mar. Susurran muy bajo y es difícil entender lo que se dicen.

5 - INT - AMANECER - RANCHO DE VIRGINIA

Virginia levanta la cabeza. Pierde agua. Carolina deja de silbar, se levanta y ayuda a Virginia a colocarse en posición de parir. Se pone frente a ella y observa la dilatación de la parturienta.

CAROLINA

(Alternando con el silbido)

Respire niña... profundo. (delirando) Las
aguas... (silba) ...van ... y vienen... del cielo... s

De la cama chorrea el líquido amniótico que se mezcla a las gotas de agua que caen del techo y corren por el piso. El televisor continúa encendido. Virginia suda copiosamente y jadea. Carolina, la partera sentada frente a ella trabaja con las manos entre las piernas de Virginia. Toma la cabeza del niño.

CAROLINA
(bajo, al niño)
Vamos… sal que te queremos conocer. (a la madre) Respire profundo hija. No puje, espere…

VIRGINIA
(en medio de un grito)
¡"Espere, espere"…coño…la historia de mi vida!

Carolina sonríe. La sangre chorrea por el mismo curso que el líquido amniótico. Un relámpago ilumina el interior del rancho.

CAROLINA
¡Puje ahora!

Carolina toma al niño MANUEL MARIMÓN por la cabeza y lo ayuda a salir, lo levanta y lo mantiene boca abajo. El niño chilla. Todavía al revés, abre los ojos y fija su vista sobre la pantalla del televisor. Vemos la imagen de la telenovela desde el punto de vista del niño, o sea, al revés.

6 - EXT - AMANECER – CERCA DEL MAR (TV)

En la telenovela, MARIA y CARLOS, se besan. Suspiran. Al fondo, sale el sol y amanece sobre el mar.

7 - INT - AMANECER - RANCHO DE VIRGINIA

El recién nacido, hipnotizado por la imagen, deja de llorar. Catalina entrega el niño a Virginia y continúa silbando. Virginia abraza al niño. Ríe y llora a la vez. Una lágrima rueda por su mejilla, cae al piso, se resquebraja y se mezcla con el resto del agua y la sangre del piso...

8 - EXT - DIA - MAR - TELENOVELA DE ÉPOCA (TV)

Pantalla del televisor, en blanco y negro.
- Olas del mar.
- Una pareja: Maria y Carlos, se abrazan y se besan, tras ellos, el sol, el amanecer y el mar.

9 - EXT - DIA - CALLE HACIENDA DE CAFÉ

(Manuel tiene cuatro años)

Plano general de una calle de pueblo que da hacia una hacienda de café. En la calle, Manuel "galopa" sobre un caballito de madera.

VOZ EN OFF DE MANUEL
Así nací yo, Manuel Marimón... con el apellido de mi madre ya que no sabía quien era mi padre... Mamá trabajaba en un taller de artesanía de barro... (susurrando) y a menudo estaba fuera de casa...

Galopando se acerca a la casa de la hacienda. El niño relincha imitando "el caballo" y galopa a todo dar.

VOZ EN OFF DE MANUEL

... pero no me sentía solo ya que siempre estuve rodeado de la afección y la fantasía de Carolina, mi "mamamama" escogida, mi madre de corazón.

MANUEL
(Manuel le habla a su caballo de madera.)
Galopa, "Día de Noche" que se nos hace tarde.

VOZ DE MANUEL IMITANDO AL CABALLO
(contestándose a sí mismo)
"Galopa tú que yo estoy muy cansáo".

Manuel se acerca a la ventana de la cocina de la hacienda dónde se encuentra encendido un televisor en blanco y negro. Concentrado, fascinado, hipnotizado, observa las imágenes de una telenovela de época. Se introduce el dedo pulgar en la boca y lo chupa.

10 - INT - DIA - SALÓN TELENOVELA DE ÉPOCA (TV)

Vemos a BEATRÍZ, la "villana de la telenovela", ataviada con ropajes del siglo 19, peinada con bucles y sentada sobre una silla de ruedas.

BEATRIZ
(declamando)
¡Serás mío y no te acordarás de nada! (ríe con ironía) - claro, estarás muerto -... y les diré a todos que abusaste de mi, ésta pobre inválida. (susurrando pero enfática) ¡Muerto! pero mío para siempre!

La joven vierte una poción envenenada dentro de una copa de vino tinto.

11 - EXT - DIA - ESCUELA

Plano general de la escuela del pueblo.

12 - INT - DIA - ESCUELA

Manuel relata historias inverosímiles a sus compañeros de clase, que fascinados, lo rodean. En primer plano, uno en particular que apodan PAJARITO.
(Manuel ahora tiene ocho años hasta la secuencia 17)

MANUEL

> ...Si, Pajarito... la cima de las montañas están llenas de jinetes sin cabeza, perros sin cola, cabras sin cuernos. (enfático) Pero la más rara - mujer y hombre a la vez - la llaman "La Llorona". (asustándolos) y hace: ¡Búbúbú!

Los niños ríen de miedo.

13 - EXT - DIA - PÁRAMO PASEO

Plano general del páramo. Manuel y Carolina caminan juntos. La partera lleva libros en una bolsa que cuelga alrededor de su cuello. También carga su Winchester 45 sobre el hombro.

CAROLINA

...y después de mil años todavía sigue buscando a sus hijos perdidos... En México lloró cuando los españoles mataron al jefe de los Aztecas lo que provocó un diluvio donde murieron todos...

Dispara su arma. Dándose cuenta de la exageración, rectifica.

CAROLINA

...bueno, no todos, ¡pero muchos...!

Manuel lo observa fascinado.

14 - EXT - DIA - PÁRAMO/ ÁRBOL

Plano general del páramo y de un frondoso árbol. Manuel está montado sobre una rama y lee un libro.

MANUEL

"y ¿qué gigantes? - dijo Sancho Panza.
"Aquellos que allí ves", le respondió el amo.

Una vaca observa la escena. Carolina dispara al lado de la vaca que se asusta.

CAROLINA

Dónde pongo el ojo, pongo la bala.

MANUEL

"Mire vuestra merced" - respondió Sancho "que
aquellos que allí se parecen, no son gigantes
sino molinos de viento".

La voz de Manuel continúa la lectura. En primer plano se escucha la voz en off de
Manuel adolescente.

VOZ EN OFF DE MANUEL

"Mamamamá" Carolina me enseñó que las
obsesiones y los sueños tienen cabida libre en el
imaginario de cada quien.

Plano general del paisaje.

15 - EXT - NOCHE - RANCHO DE CAROLINA

Plano general del exterior del rancho de Carolina.

16 - INT - NOCHE - RANCHO DE CAROLINA

El rancho de Carolina es un extraño compendio de magia, sala de música y de
consulta - más que médica, una especie de oráculo. Carolina posee varios
instrumentos musicales: una guitarra, un saxofón, un cuatro y un piano vertical,
muy viejo y desafinado. Un guante de béisbol, una pelota y un bate. También,
sobre el piano, un tocadiscos de 33 RPM y algunos discos (Billie Holiday, Joe

Cuba, Billo´s Caracas Boys). La escopeta y muchas balas a su lado. Libros por doquier. Llueve. Carolina toca piano, Manuel escucha con atención. Los dos se observan. Manuel parece vivir un "ensoñamiento". Carolina sonríe y dispara hacia afuera. La lluvia continúa a caer con fuerza. Carolina saca la mano por la ventana y recoge en la palma de su mano un poco de agua de lluvia y la bebe.

CAROLINA
Y… sentirás… un mareo…

17 - INT - NOCHE - RANCHO DE CAROLINA

Las luces están apagadas. Manuel está acostado sobre una hamaca, Carolina en su cama, a su lado la escopeta. Lee un libro en alta voz.

CAROLINA
"Todavía no amaba y sin embargo amaba amar - y me odiaba por no querer. Busqué lo que pudiera amar, enamorado del amor y odié la seguridad".

Carolina se levanta, saca su escopeta y dispara por la ventana a algo que chilla. Manuel cierra los ojos. Relampaguea.

18 - INT - DIA - RANCHO DE VIRGINIA Y MANUEL

(Manuel tiene ahora 17 años)

Manuel entra al rancho. Moisés - su burro - está amarrado al lado del televisor que ahora es de color. Virginia tiene unos treinta y cuatro años. Prepara la cena.

Manuel se dirige hacia el televisor y lo enciende. En la pantalla aparece la telenovela, "Volver a Nacer". Mientras Virginia cocina trata de entablar una conversación con su hijo adolescente. Manuel está demasiado concentrado en la telenovela para contestar.

VIRGINIA

¿Fuiste a la escuela?¿Cómo te fue, en la
escuela, papi?

Manuel no contesta.

VIRGINIA

Manú... Manuel... ¿y la escuela?

Manuel no contesta. Está hipnotizado por la telenovela. Virginia se aleja hacia la cocina. Vemos la telenovela desde el punto de vista de Manuel. La cara del joven se refleja sobre la pantalla.

16 - INT - DIA - SET/SALÓN DE LA FAMILIA ROMÁN - (TV)

(Ilustración de la secuencia anterior en la televisión)

(Cada vez que aparece Catalina, porta peluca roja, uñas pintadas de púrpura y está sobre maquillada).

CATALINA ROMÁN, es una joven de diecisiete años. MARTIRIO, su madre en la telenovela, tiene alrededor de cuarenta años. Ambas se encuentran de pie frente a la puerta del salón/set del estudio de la familia Román. La puerta se abre y aparece LUIS CARLOS, cuarenta y cinco años, padre de Catalina y marido de Martirio en la telenovela. Martirio llora de emoción al ver a Luis Carlos.

MARTIRIO

Luis Carlos…

CATALINA

¡Papá!

LUIS CARLOS

Catalina

Martirio conduce a Luis Carlos hasta la sala. No dejan de abrazarse con el típico falso abrazo de telenovela donde los personajes dan a la cámara su mejor perfil.

LUIS CARLOS

Tengo las pruebas de que soy inocente y que no
maté a Miguel Matos…

CATALINA

Entonces… ¡vuelve, papá!

Catalina sale de campo y poco a poco se aleja de los padres que continúan sus diálogos sobreactuados.

LUIS CARLOS

Si dejo a Raquel, me denunciará como asesino

de Miguel …y te aseguro que no fui yo.

MARTIRIO

Claro, mi amor…

LUIS CARLOS

(interrumpiéndola) Pero tengo que demostrarlo…

Catalina se acerca a cámara y se "asoma" por la esquina de la pantalla del televisor.

CATALINA

Psi, psi… ¿Me oyes?

17 - INT - DIA - RANCHO DE VIRGINIA Y MANUEL

Sorpresa de Manuel. La voz de Virginia, a gritos, rompe el encanto.

VIRGINIA

¡Manuel! Papi… Mijito, ¡¡¡Ven a comer!!!!

Catalina de nuevo se asoma por la esquina de la pantalla del televisor.

                              CATALINA
                  Psi, psi... tú... es contigo.

Manuel está totalmente subyugado por la imagen. Virginia, sin mirar el televisor, se acerca y lo apaga.

                              VIRGINIA
                  ¡Pero contéstame, muchacho é porra...! Si no
                  terminas la escuela vas a acabar como Moisés.

Manuel, soñador.

                              MANUEL
                        (susurrando, para si mismo)
                  Catalina me estaba hablando a través de la
                  tele...

                              VIRGINIA
                  ¡A inventor de vainas, caracho!

Virginia se aleja. Manuel se voltea hacia el burro.

                              MANUEL

ALICIA

Soy Alicia.

Manuel la observa atentamente. Alicia lo toma de la mano. Se miran.

50 - INT - NOCHE - RANCHO DE CAROLINA

Onofre y Virginia están a las puertas del rancho de Carolina. Carolina toca el piano y está absorta en la música.

VIRGINIA

¿Y Manuel?

Repitiendo una especie de lección absurda.

CAROLINA

El meridiano que cruza la línea del ecuador, en
Quito, es el meridiano 080 grados oeste.

Onofre lo toma violentamente del brazo.

¿Tu lo oíste… Moisés… verdad…? ¡Me habló!

El burro rebuzna.

18 - EXT - DIA - CALLES DE PUEBLO

Manuel corre, salta y bailotea por las calles del pueblo.

19 - INT - DIA - RANCHO DE CAROLINA

Carolina está sentada limpiando su rifle. Manuel entra como una tromba y salta de un pie al otro. Manuel, exaltado.

                    MANUEL
          Mamamamá… la muchacha de la telenovela me
          habló…

Carolina, la mira extrañada pero sigue limpiando el rifle. Manuel sale del rancho como un cohete, igual que como llegó. Carolina continúa limpiando su arma.

20 - INT - NOCHE - RANCHO DE VIRGINIA Y MANUEL

Manuel llega a casa. El burro sigue amarrado al televisor. En la otra parte de la habitación que sirve de cuarto de dormir, separada por un velo negro, se encuentran Virginia y ONOFRE, su amante, de unos 40 años. Hacen el amor. A través del velo se perciben detalles de los cuerpos de Virginia y Onofre y se escuchan las resonancias del amor. Manuel se acerca al televisor y lo enciende. De nuevo, por la esquina de la pantalla, Catalina se asoma y le habla directamente.

CATALINA

Manuel, Manuel... soy yo, Catalina Román.
Necesito tu ayuda.

Manuel mira la pantalla y se acerca a ella para verla y escucharla mejor.

VOZ EN OFF DE MANUEL

A partir de ese instante, sentí un cambio en mi vida... - no por haber presenciado otra reconciliación sexual entre mi madre y Onofre - cosa cotidiana - sino por la extraordinaria relación que se establecía con Catalina.

Virginia y Onofre hacen el amor. Manuel sale disparado.

21 - INT - DIA - SET/SALÓN DE LA FAMILIA ROMÁN (TV)

(Ilustración televisión de la secuencia anterior.)

Catalina habla a Manuel.

22 - EXT - DIA - CALLES DE PUEBLO

Manuel corre como un desaforado por las calles del pueblo y choca contra Pajarito que juega al fútbol con unos amigos. Ambos ruedan por el suelo.

23 - INT - DIA - RANCHO DE CAROLINA

Se escucha la música del tocadiscos. Manuel está conversando con Carolina. La partera está cocinando y bebiendo vino tinto. Manuel excitado.

> MANUEL
> ...si señora...! (secretea) y me pide que vaya a
> Caracas para ayudarla...

Carolina, bebe su copa de vino tinto.

> CAROLINA
> ...La verdad que no me gusta meterme en cosas
> ajenas...

> MANUEL

...¡pero sentí mareo, Mamamama!

Carolina se le acerca lentamente.

CAROLINA

¡Ah vaina! Ven acá hombrecito...

Le toma la cara entre las manos y lo abraza. Se establece un largo silencio.

CAROLINA

Caracas es una ciudad muy violenta...

MANUEL

(interrumpiéndolo)

No me importa, Mamamamá.

Carolina lo observa. Manuel le devuelve la mirada.

MANUEL

(susurra)

Estoy listo.

Lentamente, Carolina sonríe.

CAROLINA

Tengo que enseñarte a disparar   (pausa larga)

¿Y qué haría Don Quijote?

Manuel, sin vacilar.

MANUEL

Responder al llamado…

En silencio se observan.

CAROLINA

(decidido)

Te acompaño hasta La Victoria.

Manuel la abraza.

24 - INT - DIA - ESCUELA

Manuel no está concentrado en clase. Duerme sobre el pupitre.

MAESTRA

Manuel, ¿cuál fue la batalla decisiva de la guerra

de independencia venezolana?

Manuel continúa adormecido. Pajarito le habla cuchicheando.

                              PAJARITO
                Despierta, Manuel… batalla,… Venezuela…

Despertando.

                              MANUEL
                …Estoy despierto (grita)   ¡Si, despierto…
                (pausa) ¡y   enamoráo!

Los jóvenes ríen y la maestra se sorprende. Pajarito prende un cigarro y le hecha
el humo en la cara. La maestra se muestra resignada.

25 - INT - DIA - RANCHO DE VIRGINIA Y MANUEL

Manuel prepara el morral para el viaje. Onofre y Virginia están en la cocina
preparando unos huevos fritos. Parecen en luna de miel, se besan y se abrazan
a cada momento. Manuel trata de comunicarse con ellos pero la pareja lo ignora.
Manuel se sienta en una silla frente al televisor apagado. Onofre y Virginia
regresan a la cama recomienzan a hacer el amor.

Frustrado por no estar a todo momento con Catalina, poder tocarla, sentirla, pensar siempre en ella, hablarle de noche, y de día y confiarle mis secretos ...(susurrando, para el) ¡claro, todo eso en mi mente!

Manuel, prende un radio transistor que difunde un juego de béisbol.

(A partir de este momento se escuchará la narración de un partido de béisbol entre Magallanes y Caracas)

De pronto se dirige a su madre.

MANUEL

¿Mamá, qué edad tengo yo?

Nadie contesta. Manuel descorre el velo negro.

MANUEL

¿Cuántos años... mamá?

Virginia le contesta sin prestar atención.

VIRGINIA

Catorce, papito mío.

MANUEL

(grita)

Diecisiete…¡ diecisiete años! … y no soy "papito mío" de nadie. (susurra) coño.

Ninguno de los dos amantes le hace caso. Onofre y Virginia continúan su enamoramiento, embelesados con ellos mismos. Manuel, antes de salir, acaricia las orejas del burro. Se pone una gorra del Magallanes, carga el morral y sale con el radio transistor en el oído, escuchando el juego

26 - EXT - DIA - ANDÉN AUTOBÚS - PUEBLO

Carolina carga su escopeta. Manuel escucha el juego de béisbol en su radio transistor. Suben al autobús. Los viajeros están sentados. ROBERTA, una mujer de treinta años - vestida sobriamente - tiene en sus manos una figurilla del Doctor José Gregorio Hernández. Están también sentados dos jóvenes amantes: ISOLDA y TRISTAN, de veinte años. ENRIQUETA, una campesina de treinta años, lleva gallinas en jaulas para vender en el mercado en Caracas. El CHOFER DEL BUS, tiene diecinueve años. ARMANDO, un moreno de 60 años carga dos tumbadoras y latas de leche en polvo. ROBERTA, de cincuenta años, porta la cabeza llena de bigudís y cubierta con un pañuelo. Los viajeros están listos para partir pero el autobús no arranca.

ROBERTA

¿Qué pasa?

CHOFER BUS

Es el tornillo de la dirección. No aparece.

                    ROBERTA
¿Cómo es eso de "que no aparece"?

                  CHOFER BUS
Ni más ni menos...

                    ROBERTA
Siempre el mismo "peó"...

                  CHOFER BUS
El mismo de la semana pasada.

                    ROBERTA
Y de hace un mes...

Los pasajeros se quejan y cuchichean entre ellos.

27 - EXT - DIA - ANDÉN AUTOBÚS - PUEBLO

Llega JUAN, un campesino de cuarenta años. Trae un tornillo en la mano, el tornillo que le falta a la dirección del autobús. El chofer baja del vehículo.

                  CHOFER BUS
¿Y dónde carajo conseguiste el tornillo?

                      JUAN
            (en la luna)
En el monte.

Nadie parece sorprenderse de la extraña contestación del campesino. Con naturalidad, Juan instala el tornillo de la dirección.

28 - INT - DIA - AUTOBÚS

Todos aplauden. La beata, lasciva, soba la estatuilla de José Gregorio.

MANUEL
¿Y que le vas a decir a mi mamá?

CAROLINA
Que te vas para Caracas a casa de un amigo
mío a estudiar música...

Manuel, cómplice, sonríe. Se escucha el fin del juego de béisbol. El autobús arranca. Los pasajeros viajan tranquilos. Manuel lentamente reclina su cabeza sobre el hombro de Carolina y cierra los ojos.

29 - INT - DÍA - AUTOBÚS RODANDO -

Carolina comienza a cantar un pajarillo. Poco a poco los pasajeros se levantan uno a uno y bailan al ritmo de la música. Armando toma una lata de leche en polvo y la utiliza para acompañar el ritmo. La lata se rompe y la leche en polvo vuela, esparciéndose por el bus. Los pasajeros cantan y bailan.

PASAJEROS
(cantando, repetitivos)
Pajarillo, pajarillo…Rodando… y soñando…

Manuel y Carolina, cantan y se empatan a bailar.

30 - INT - DIA - ESCUELA

La madre de Manuel entra en la escuela. Carga vasijas de barro y la merienda de
su hijo.

VIRGINIA
¿Y Manuel?

MAESTRA
No vino hoy.

Virginia se muestra extrañada. Pajarito exclama.

PAJARITO
Fue a ayudar a Catalina Román.

Virginia se sorprende y, con los ojos, parece preguntarle a Pajarito de quién se
trata. Pajarito, impávido no contesta.

31 - EXT - DIA - AUTOBÚS EN PÁRAMO

(De fondo se escucha el pajarillo y el canto de los pasajeros)

El autobús viaja por una carretera montañosa. Por la ventana sale humo de la leche en polvo derramada.

32 - EXT - AMANECER - PLANO GENERAL DE CARACAS

(El pajarillo se mezcla con una música de "raegetton" de tema urbano y terrible.)

Plano general del valle de Caracas.

33 - INT - AMANECER - AUTOBÚS/TERMINAL - CARACAS

El autobús llega al Terminal. Manuel despierta. Mira a su alrededor buscando a Caolina pero no lo encuentra. A su lado, dónde estaba sentado, encuentra un reloj pulsera y una bala que le ha dejado Carolina. Se lo pone y guarda la bala. Los pasajeros se levantan y bajan del autobús. Manuel recoge el morral y sale del bus. El chofer del autobús se dirige a él.

CHOFER BUS

La señora se quedó en "La Victoria" y te dejó dicho unas vainas raras:... que "no le tengas miedo a los molinos de viento", y ...que ella es tu mamamama... y que nunca te va a abandonar.

Manuel no esconde su sorpresa.

34 - EXT - AMANECER - ANDÉN TERMINAL - CARACAS

Jóvenes "rapéan", cantan y bailan sobre el andén del Terminal. Manuel pasa a su lado y los observa. Avanza y se para frente a un televisor destartalado. Catalina aparece y le habla a través de la pantalla.

CATALINA
Manuel, te espero...

Se acerca a un BUHONERO, que está totalmente inmóvil, con los ojos claros y sin vista con la mirada al cielo, y vende antenas de televisión y rosarios.

MANUEL
¿Señor, dónde queda el canal 9?

Al fondo, sobre la pantalla del televisor, aparece la imagen de Carolina que parece observarlo. El buhonero no contesta. Parece dormir despierto.

35 - INT - SET DE LA FAMILIA ROMÁN (TV)

(Ilustración televisión de la secuencia anterior).

Catalina le habla a Manuel y Carolina observa…

CATALINA

Manuel, Manuel…

36 - INT - AMANECER - CARRITO POR PUESTO

Manuel se sube al carrito. Prende su radio transistor y escucha música. El CHOFER DEL CARRITO es un hombre de unos cuarenta años y tiene un marcado acento colombiano. Uno de los otros seis pasajeros es una MUJER VESTIDA DE LUTO.

37 - EXT - AMANECER - VALLE DE CARACAS

Plano general del carrito rodando por las calles de Caracas.

38 - EXT - AMANECER - CARRITO POR PUESTO

Vista de la ciudad desde la ventana del carrito.

39 - INT - AMANECER - CARRITO POR PUESTO

El carrito se estaciona. Tres personas suben: ATRACADORA, una mujer de cuarenta años, ATRACADOR, un hombre de treinta años, bien vestido, con flux y corbata. Un joven de la edad de Manuel, idéntico a Pajarito, el compañero de escuela del páramo. Los delincuentes, revólver en mano, acosan a los pasajeros. La atracadora se dirige agresivamente al chofer.

                    ATRACADORA
          (violenta)

          Arranca, cabrón.

El atracador se dirige a los pasajeros en voz natural.

                    ATRACADOR
          Entreguen todo.

El carrito arranca. El atracador, fríamente, le da un cachazo a la mujer de luto que queda sangrando sobre el piso de la camioneta. La atracadora, le coloca el revólver sobre la sien al chofer.

                    ATRACADORA
          Si no se apuran, te quemo.

Pajarito, revólver en mano, amenazante.

PAJARITO

Vamos, resuélvanse...

Los atracadores recogen las pertenencias de los pasajeros. Manuel no sale de su asombro.

MANUEL

¿Pajarito...qué haces tu aquí?

PAJARITO

¡Qué Pajarito ni que pajarito, guevón...! ¡cállate la jeta y pásame tus vainas!

ATRACADORA

(interrumpiendo)
Los zapatos, quítenselos.

La atracadora a Pajarito.

ATRACADORA

Revísalos a ver si llevan algo escondío...

Los pasajeros se apuran en hacer lo que les piden los asaltantes. Manuel le entrega a Pajarito la gorra, los zapatos, las medias, el radio transistor, todavía prendido y sonando música, el morral y el reloj... y finalmente la bala. Pajarito le susurra al oído.

PAJARITO

En el pueblo no hay

futuro...

ATRACADORA
(interrumpiendo, al chofer)
Estaciónate dónde no haya nadie.

El carrito se estaciona. El atracador y Pajarito se bajan corriendo cargados con el botín. La atracadora le da una patada al chofer del autobús.

CHOFER
(gritando)
Si fueras hombre, y no estuvieras armada te daba tu coñazo.

La atracadora le muestra el revólver.

ATRACADORA
¡Pero si lo estoy armada, extranjero de mierda!

Los atracadores bajan del carrito.

40 – EXT – FRENTE AL CARRITO POR PUESTO

El atracador, tranquilo, como si no hubiese pasado nada.

ATRACADOR
(irónico)
Bienvenidos a Caracas … la sucursal del suelo.

Pajarito gritándole desde la acera a Manuel.

PAJARITO
Chiao Manuel…

Le tira los zapatos, las medias. el reloj. Se coloca la gorra del Magallanes. Ambos se miran fijamente. Una pareja ayuda a la mujer de luto y consuelan al chofer. Del exterior, nadie interviene. Mientras se alejan, Pajarito cambia de estación y escucha un partido de fútbol en el transistor. Pajarito muerde la bala que le dio Manuel. El carrito arranca.

41 - EXT - DIA - ENTRADA TELEVISORA

El carrito por puesto se estaciona frente a la televisora. Llueve fuerte. Manuel, se baja y se moja. Un grupo de niños de escuela, cantando bajo paraguas, descienden de un autobús. Vienen al canal para participar en un concurso intercolegial. Llevan una banderola alusiva al evento: "CONCURSO DE ORTOGRAFÍA". En la confusión, Manuel se oculta entre ellos y entra al edificio.

42 - INT - DIA - CAFETÍN TELEVISORA

El cafetín está lleno de personajes de caracterización de distintos programas: una dama calva con barba, un galán pintorreteáo, una mujer con uniforme doméstico que fuma continuamente. Un oso hormiguero, con la parte superior del disfraz bajo del brazo, bebe un refresco a través de un pitillo.

MANUEL
Busco a Catalina Román…

No parecen conocerla e ignoran al joven. Manuel toma el primer corredor que encuentra.

43 - EXT - DIA - ENTRADA TELEVISORA

Deja de llover y el cielo está rojo. Llega un taxi. Se bajan Catalina Román y su madre, ANGUSTIAS, una mujer de treinta años. Catalina porta la misma peluca de color rojo y las uñas pintadas de púrpura de la telenovela. Está maquillada excesivamente y porta tacones demasiado altos. Angustias parece un maniquí de moda "punk". Lleva el mismo peinado que su hija y con el mismo color de pelo teñido. El público, agolpado a las puertas del canal, ovacionan a Catalina En otro taxi llega BEATRIZ, la villana de la telenovela. El público cambia su atención hacia la recién llegada, la abuchea. Catalina y Angustias entran al canal.

44 - INT - DIA - CORREDOR "FANTÁSTICO" - CANAL

Manuel, desesperado y perdido, camina por el corredor pero parece volver al mismo lugar donde empezó. A su alrededor se cruzan personajes extraños: disfrazados de objetos que parecen flotar, un pote de mermelada, una botella de vino, un águila... y el oso hormiguero. En una pantalla de televisión reaparece la imagen de Catalina. Se discierne, al fondo, la sombra de Carolina.

CATALINA

Manuel... Manuel.

Manuel se acerca al televisor y toca la pantalla. El vidrio le transfiere, a través de la yemas de los dedos, el frío electrónico de la imagen. Catalina le señala la vía que debe seguir. Susurra.

CATALINA

A tu izquierda... estudio 4.

Manuel camina por el corredor, consigue la puerta del estudio y entra.

45 - INT - DIA - SET DE LA FAMILIA ROMÁN (TV)

(Ilustración televisión de la secuencia anterior.)

Catalina, con la sombra de Carolina al fondo, susurra a Manuel.

46 - INT - DIA - SET DE LA FAMILIA ROMÁN

Manuel entra al estudio 4 donde se graba la telenovela. El set/estudio está lleno de jóvenes adolescentes que participan como figurantes para la escena de la celebración del cumpleaños de Catalina. Martirio y Luis Carlos están presentes. Catalina recibe a Manuel como si lo conociera desde hace años. Manuel se integra con total naturalidad. Los dos jóvenes se dan un beso como si se conocieran. Los actores y técnicos consideran a Manuel como un figurante más. Martirio se acerca a él.

MARTIRIO

"¿Y tus padres?".

MANUEL

Mamá se quedó en La Candelaria.

MARTIRIO

No. Ese es tu primer parlamento. Cuando entres,
le dices a Catalina, "¿Y tus padres?",
(despectivamente) ... después improvisa,
coño...para eso te pagan.

MANUEL

Ah, bueno… está bien.

El COORDINADOR, treinta años, lleva un auricular y un micrófono. Le indica la parte de atrás de los bastidores.

COORDINADOR
Ponte aquí hasta que yo te diga. Después te paras al lado de Catalina y después la sacas a bailar.

Una banda rock se prepara. Los figurantes rodean la mesa. El director habla a través del altavoz.

DIRECTOR
Grabando.

La banda empieza a tocar. El coordinador le hace una señal a Manuel para que entre en escena.

47 - INT - DIA - SET DE LA FAMILIA ROMÁN (TV)

(La escena tendrá la textura de una imagen de televisión).

Catalina recibe a Manuel y le da un beso.

MANUEL

Hola… (con incertidumbre) …¿y tus padres?
¿Quieres bailar?

Catalina evade la pregunta.

                          CATALINA
          Pasa adelante.

                          MANUEL
          ¿Qué edad tienes?

                          MARTIRIO
                    (tratando de interrumpirlo)
          Catalina, no me lo has presentado.

Catalina no sabe que hacer ya que Manuel la persigue sin cesar y se ve forzada a
contestarle.

                          CATALINA
                              Diecisiete…

                          MANUEL
                              Igual que yo…

Martirio se acerca perdiendo la paciencia.

CATALINA

(a Martirio)

Manuel.

MARTIRIO

Manuel, bienvenido a la familia Román.

Juan Carlos, gentilmente.

LUIS CARLOS

Bienvenido Manuel.

Ambos lo abrazan, siempre presentando su mejor perfil a cámara. Los actores rodean la mesa y los jóvenes comienzan a bailar. Manuel y Catalina bailan juntos.

48 - EXT - ATARDECER - VARIOS - PUEBLO Y PÁRAMO

Virginia y Onofre. Desesperadamente, buscan a Manuel por el pueblo de puerta en puerta.

49 - INT - DIA - SET FAMILIA ROMÁN

El coordinador grita.

                    COORDINADOR
          ¡Corten!

Los jóvenes dejan de bailar y la banda de tocar. Manuel y Catalina, están frente a frente tocándose, como al final de el baile. Catalina se separa de él y se quita la peluca roja. Manuel no sale de su asombro. Catalina se dirige al camerino. Los figurantes se van retirando.

                    CATALINA
          Espérame, ya vuelvo.

Curiosa, Martirio se le acerca a Manuel y lo interpela rudamente.

                    MARTIRIO
          ¿Y quién lo contrató a usted? A mi no me dijeron
          nada, coño. ¿Usted sabe usted quien soy yo?

                    MANUEL
          Claro, Martirio…

                    MARTIRIO

(interrumpiéndolo)

Soy la estrella de esta telenovela – coño - y todo debo aprobarlo yo. Punto ¡y no joda! (violentamente) Y usted se me va. ¡Ya!

Luis Carlos se interpone cruzando frente a ellos. Viene del baño. Sin pudor alguno, se mete "un viaje" de cocaína frente a todos. Los técnicos lo ignoran ya que están acostumbrados al comportamiento del actor. Martirio lo toma por el brazo.

MARTIRIO

¿Me das un poquito, un pocotón…?

Ambos prueban la cocaína y se van de brazos hacia el camerino. Antes de entrar Luis Carlos se voltea y grita desde la puerta.

LUIS CARLOS

¡Ustedes son todos una mierda!

Manuel queda solo en el decorado, que tan bien conoce a través de la telenovela - y comienza a indagar en los entretelones. Escruta todo minuciosamente, no pierde detalle. Aparece Catalina transformada en ALICIA. Resulta ser una señoritinga que no parece estar muy bien consigo misma, maquillada exageradamente, con los mismos tacones altos con que la vimos llegar al estudio, pero esta vez, la peluca, la carga en su cartera y se ha quitado la pintura de uñas.

                    ALICIA
          Soy Alicia.

Manuel la observa atentamente. Alicia lo toma de la mano. Se miran.

50 - INT - NOCHE - RANCHO DE CAROLINA

Onofre y Virginia están a las puertas del rancho de Carolina. Carolina toca el piano
y está absorta en la música.

                    VIRGINIA
          ¿Y Manuel?

Repitiendo una especie de lección absurda.

                    CAROLINA
          El meridiano que cruza la línea del ecuador, en
          Quito, es el meridiano 080 grados oeste.

Onofre lo toma violentamente del brazo.

ONOFRE

Déjese de tonterías.

CAROLINA

¿Usted cómo que es policía?

Onofre lo suelta. Virginia, mostrando su desesperación.

VIRGINIA

Gato mi querido amigo... estoy segura que usted sabe donde está.

CAROLINA

¿"Usted sabe" que una persona que ha caminado durante sesenta años ha dado mas de tres vueltas al mundo a pie?

ONOFRE
(a Virginia)
¡Ah, cará! Este nos está tomando el pelo.

CAROLINA

Parece que si, parece que no, Onofre, lo mas probable es que quién sabe...

ONOFRE

Manuel...

Carolina, interrumpiéndolo, retoma la letanía.

CAROLINA
1406, "de Manualis" o "relativo a la mano". ...de "manus": mano, fuerza, poder sobre fuerza armada, escritura. Tomar las cosas en mano propia. Mano: protección, guardián....

Onofre y Virginia, disgustados, salen del rancho.

51 - INT - NOCHE - SET FAMILIA ROMÁN

Los técnicos están terminando de recoger los cables. Alicia y Manuel se encuentran tomados de la mano. Aparece Angustias, la madre de Alicia. Al ver a su hija la interpela.

ANGUSTIAS
¿Dónde andabas tú metida?

Alicia suelta la mano de Manuel.

ALICIA
Con mi amigo. (a Manuel) Mi mamá.

Manuel le tiende la mano.

MANUEL

Buenas.

Angustias le da la espalda. Angustias le habla a Alicia.

ANGUSTIAS

Se acabó todo por hoy. Tenemos que volver a
casa para que te aprendas los parlamentos de
mañana.

En los ojos de Alicia y Manuel se percibe el desconsuelo de la separación. De
nuevo, Alicia le toma la mano a Manuel.

ALICIA

Gracias por venir.

MANUEL

Aquí te espero.

ALICIA

¿Aquí?

MANUEL

No tengo dónde ir.

ALICIA

Mamá, ¿puede venir a casa con nosotros?

Sin contestarle, Angustias toma a Alicia por el brazo y la hala con fuerza hacia la salida del estudio. Alicia y Manuel se agarran fuertemente de la mano. Angustias tira con fuerza a Alicia y logra romper el vínculo entre la joven y Manuel. Angustias se dirige a Alicia, con autoridad.

ANGUSTIAS
Eso es lo que nos faltaba...¡Ponte la peluca!
¿Qué hiciste con la pintura de uñas?

Tratando de esconder la vergüenza qué siente frente a Manuel. La joven busca la peluca en su cartera y se la pone. Manuel observa la riña familiar. Angustias hala a Alicia hacia la puerta. Manuel y Alicia no dejan de mirarse hasta que Alicia desaparece. El último técnico termina de recoger y sale. Manuel deambula solitario por el set y se dirige hacia el camerino/cuarto de maquillaje.

52 - INT - NOCHE - RANCHO DE VIRGINIA Y MANUEL

Virginia y Onofre entran al rancho. Virginia murmulla para consigo misma.

VIRGINIA
¿Quién carajo será esa tal Catalina Román?

ONOFRE

(violento)

Coño, Virginia...Estoy harto de tus vainas y las de tu hijo.

VIRGINIA

Ah, cará...

Furiosa toma la bolsa de ropa de Onofre y se la tira a la cara.

VIRGINIA

Vete con la muñeca de trapo sucio esa que tienes por ahí escondía.

Violento, Onofre lanza el televisor al piso, haciéndolo estallar. De esta violencia surge una reconciliación más sorprendente aún que la de costumbre. Virginia y Onofre ruedan por el rancho en nuevos preámbulos de amor.

53 - INT - NOCHE - CAFETÍN TELEVISORA

Un par de actores cenan. Manuel logra robarse un sándwich que esconde bajo la camisa. Atraviesa el lugar sin que nadie se percate de él.

54 - INT - DIA - RANCHO DE VIRGINIA Y MANUEL

Onofre y Virginia están sobre la cama. Tocan a la puerta. Onofre se incorpora, se pone el pantalón y abre la puerta. Frente a él aparece AQUILINO, un campesino de 60 años. Comienzan a caer las primeras gotas de lluvia que se convertirá en un palo de agua.

ONOFRE

Hola Aquilino.

AQUILINO

La doctora Carolina quiere que vayan a verla.

Virginia vestida se acerca. Virginia tira a Onofre por el brazo apurándolo. Los tres salen en el momento que el aguacero arrecia. Virginia y Onofre se devuelven, toman una cobija para cubrirse y salen apurados.

55 - INT - NOCHE - CAMERINO/CUARTO DE MAQUILLAJE

Manuel llega hasta la puerta del camerino/cuarto de maquillaje. La abre y descubre que el local está vacío. Las luces están apagadas. Entra y cierra la puerta tras sí, prende la luz y termina de comerse el sándwich, contemplando los potingues de maquillaje, los cepillos y los pinceles.

56 - INT - NOCHE - RANCHO DE CAROLINA

El tocadiscos está prendido. Llueve. Carolina está acostada y junto a él, Onofre y Virginia están sentados sobre el borde de la cama, destilando agua. Carolina se expresa con dificultad.

CAROLINA
Quiero hablarles… de Manuel.

VIRGINIA
Usted tiene que saber dónde está.

ONOFRE
(a Virginia)
Cállate, que no lo dejas ni respirar.

Carolina, haciendo un esfuerzo sobrehumano.

CAROLINA
Manuel es para mí un ser muy especial. (tose y respira con dificultad, tomándole la mano a Virginia) Tu mejor que nadie lo sabes…

57 - INT - NOCHE - CAMERINO/SALA DE MAQUILLAJE

Manuel se sienta sobre la silla de maquillaje y cierra los ojos.

58 - INT- NOCHE - SET DE LA FAMILIA ROMÁN (SUEÑO DE MANUEL Y ALICIA)

(Durante las secuencias del sueño de Manuel y Alicia se escucha el ruido insistente amplificado de una gota de agua, integrada a una estructura musical. Este efecto continuará hasta la secuencia de El Cementerio).

Manuel pasea por el set oscuro y desmantelado de la familia Román. De pronto, sin poder contenerse, cae al piso, mareado. Al levantarse descubre un diván en medio del estudio. Allí se encuentra Alicia, sentada, en silencio, vestida de falda corta, un pequeño escote y un chal gris que le cubre la espalda. Manuel se sienta a lado de ella.

59 - INT - NOCHE - RANCHO DE CAROLINA

El tocadiscos sigue encendido. Onofre y Virginia continúan al lado del médico.

> VIRGINIA
> ¿Pero de qué está hablando, para dónde cogió...?

> CAROLINA
> (a Virginia)
> Manuel está enamorado del amor y eso no se puede controlar. Tu me comprendes...

Carolina le toma la mano a Virginia. Se miran. Onofre no sabe como reaccionar.

60 - INT- NOCHE - SET DE LA FAMILIA ROMÁN (SUEÑO DE MANUEL Y ALICIA)

Alicia comienza a llorar y a reírse a la vez. Manuel le pasa el brazo por la espalda y hace que el chal resbale. Alicia mueve nerviosamente las piernas. Manuel ríe y llora, como en una pesadilla. Alicia lo toma de la mano.

                    VOZ DE ALICIA EN OFF
          No temas…

Manuel le toca los labios. Ella le besa la yema del dedo índice. Se miran fijamente.

61 - INT - NOCHE - RANCHO DE CAROLINA

Una gota cae sobre el televisor. Los tres perciben el ruido al mismo tiempo.

(El sonido de la gota sobre el televisor se integra al sonido de la gota del sueño de la secuencia anterior.)

                    CAROLINA

(a Virginia)

Quiero que... "después que me vaya....", te quedes con mi televisor (delira) ...las aguas... conectadas...

VIRGINIA

(discretamente lo interrumpe)

Pero Manuel ¿dónde está?

Haciendo un esfuerzo sobrehumano.

CAROLINA

...persigue un sueño...

62 - INT - NOCHE - CORREDOR SALA ESCRITORES (SUEÑO DE MANUEL Y ALICIA)

Manuel y Alicia caminan por un corredor. Espejos reflejan el corredor y a ellos. Llegan hasta una puerta cuyo extremo superior es de vidrio traslúcido. Se empinan para mirar. Dentro, cuatro escritores: RAFAEL, RAMÓN, LUIS y SONIA teclean, sin cesar, sin levantar la cara de sus computadoras. Sonia llora.

63 - INT - NOCHE - SET DE FAMILIA ROMÁN (SUEÑO DE MANUEL Y ALICIA)

Una mano se crispa, las piernas de Alicia continúan el movimiento nervioso. Tiene en la boca una pequeña rama de hojas de cristal que brillan con gotas cristalizadas. Manuel y Alicia se encuentran a cortos centímetros el uno del otro. Se miran fijamente. El agua corre sobre el vidrio del reloj de la pulsera de Manuel que explota.

64 - INT - NOCHE - RANCHO DE CAROLINA

Carolina está silencioso, tranquilo y tiene los ojos cerrados. Virginia y Onofre, también silenciosos, no saben que hacer. De pronto, Carolina abre los ojos y comienza reírse... se ahoga, entre risa y muerte. Virginia apaga el tocadiscos que se detiene lentamente.

65 - INT- NOCHE - SET DE FAMILIA ROMÁN (SUEÑO DE MANUEL Y ALICIA)

Manuel y Alicia continúan sentados sobre el sofá. Detalles" de los labios que se acercan pero no logran unirse, como si un muro de vidrio les impidiera juntarse. El "muro traslúcido" se convierte en velo negro. Los labios quedan enmarcados dentro de la pantalla de un televisor que se encuentra en medio del set de la telenovela. Los labios se transforman en hielo, se agrietan, se rompen y caen al piso.

66 - EXT - DIA - CEMENTERIO DE PUEBLO

(La gota musical del sueño de Manuel y el sonido del resquebrajado de los labios se transforman en un tarareo "a capela").

Carolina yace sobre ramas, cubierto de palmas, flores y rodeado de velas. Sus instrumentos musicales están a su lado. Varios amigos, entre los que se encuentran Virginia y Onofre, cargan al cadáver y cantan "a capella".

                              CANTO
                 Presto expresivo, allegro furioso… fugato,
                 hmmm…

                       VOZ EN OFF DE MANUEL
                 Mamamá se fue, como se seca un árbol noble o
                 como desaparece una montaña.

Virginia toma la mano de Carolina entre las suyas. Repentinamente, el cielo se torna rojo.

67 - INT - DIA - CAMERINO/SALA DE MAQUILLAJE

Manuel está recostado sobre la silla de maquillaje. Abre los ojos. Se escucha el sonido abrupto de la puerta que se abre. La MAQUILLADORA lo observa.

                          MAQUILLADORA
                 ¡Qué haces tú aquí?!!! ¿Quién
                 eres?!!!

Manuel se incorpora.

MANUEL

Soy figurante de la novela...

La maquilladora toma el auricular de un teléfono y oprime un botón.

MAQUILLADORA

¿Seguridad? Vengan a la sala de maquillaje del estudio 4.   Un malandro se metió, no sé cómo...

MANUEL

(interrumpiéndola)

¡Vine a conocer a Alicia...!

Manuel se para. La maquilladora retomando el teléfono.

MAQUILLADORA

Apúrense, ¡¡¡Está drogado!!!

La maquilladora se arrincona.   Manuel aprovecha para salir del camerino y escapar.

68 - INT - DIA - CORREDORES DEL CANAL

Manuel corre por corredores. Se cruza con gente que también corren. A nadie le extraña verlo correr en una estación de televisión.

69 - EXT - DIA - CEMENTERIO DE PUEBLO

El féretro continúa su desplazamiento.

CANTO

…árbol de indio desnudo vístete para celebrar a
nuestro hermano.

Pájaros que parecen estrellas hacen coreografías en el cielo. Media docena de pequeñas aves surgen del interior del pecho de Carolina y salen volando.

70 - INT - DIA – CEMENTERIO DEL PUEBLO (TV)

En una pantalla de televisión del corredor vemos a las aves que surgen del pecho de Carolina durante el sepelio.

71 - INT - DIA - CORREDORES DEL CANAL

Manuel corre por el corredor y mira la pantalla del televisor. Lanza un grito desgarrador.

El cielo de Caracas está rojo. Alicia vestida con zapatos de tacón alto, con la peluca roja y cargando un bolso con largas correas, sale de la televisora acompañada de Angustias. La madre retiene a la muchedumbre que trata de rodear a la joven actriz. Manuel sale disparado por la puerta principal.

MANUEL

¡Acabo de ver el entierro de mi mamamamá…!

Alicia no sale de su asombro. Angustias, ocupándose de retener a la muchedumbre, no se percata de la llegada del joven. Alicia y Manuel se miran, sin comentarios, Alicia abraza y besa a Manuel y como si ya hubiesen decidido que hacer se toman de la mano y corren calle abajo.

ANGUSTIAS

(gritando desesperada)

Alicia, ¿a dónde vas? ¡ Hija mía!

Alicia se quita los zapatos, los bota y continúa descalza. Cuando ya están más lejos se quita la peluca roja y también la bota. Los dos jóvenes desaparecen al doblar la esquina. El público inquieto conversa animadamente. Angustias continúa histérica. Algunos corren hacia dónde desaparecieron los jóvenes - pero no es para perseguirlos - sino para recoger los zapatos de tacón alto de Alicia y la peluca. Cual fetichistas, abrazan y besan los objetos.

73 - EXT - DIA - CEMENTERIO DE PUEBLO

Un jardinero quema ramas secas. Observamos la escena a través del fuego. El cadáver de Carolina llega a la tumba. Se divisan los ojos abiertos e inmóviles de Carolina que miran hacia el espectador. Parecen sonreír. Los músicos lo rodean. Pájaros emprenden vuelo desde el interior de la tumba.

74 - INT - DIA - AUTOBÚS CARACAS

Manuel y Alicia descalza, corren por la calle alejándose de la estación de televisión. Tomados de la mano suben a un autobús.

                    ALICIA
          Manuel...

                    MANUEL
          Manú. para ti.

Alicia le susurra.

                    ALICIA

(como para ella misma)

Manú, (excitada)   Manú, estoy harta de ser fenómeno de circo y hacer de "payasa llorona"...

La gente del autobús se voltean extrañados.

MANUEL

¿Cómo es la cosa?...yo que creía que eras feliz como en la novela...

ALICIA

Mi mamá quiso ser actriz pero ... lo cogió conmigo...y para colmo tengo que calarme al bicho ese, el drogo que hace el papel de mi papá. Y la que hace de mi mamá - la Martirio esa - (con humor) -¿qué tronco de nombre, verdad?- loca de bolas ...aunque a veces creo que soy yo la que me siento enloquecer... Imagínate que a veces no sé cual es mi mamá verdadera: Angustias o Martirio...

Manuel, desconcertado.

MANUEL

Diles que no quieres seguir en la telenovela ¡y ya!

ALICIA

...es que "mis dos madres" y yo vivimos de esos
reales.

El autobús se estaciona. Alicia y Manuel bajan.

75 - EXT - ATARDECER - BUHONEROS

Los dos jóvenes caminan frente a tiendas de buhoneros. Se acercan a un puesto
de venta de alpargatas. Alicia le susurra una palabra al oído.

ALICIA

Distráela.

Manuel parece preguntarse la razón de lo que le pide Alicia, pero se dirige a la
vendedora.

MANUEL

¿A cuánto están las alpargatas?

Alicia aprovecha el momento de descuido de la vendedora para robar un par.
Toma la mano de Manuel y ambos corren por la calle.

VENDEDORA

(gritando)

¡Rateros!

Alicia parece haber recibido una dosis de adrenalina y ríe como una niña que ha hecho algo prohibido. Manuel roba una camiseta al pasar cerca de otro vendedor. En medio de la carrera, Alicia hace una pirueta de baile. Un vendedor, saca un cuchillo, los alcanza pero resbala, cae aparatosamente y pierde el cuchillo que rueda por el suelo. Manuel, resbala a su vez y cae golpeándose la cabeza. Su frente comienza a sangrar. Alicia lo ayuda a levantarse.

ALICIA

Sígueme…

Corriendo, doblan la esquina. Alicia, jadea.

76 - EXT - ATARDECER – CALLE "HUÍDA"

Se está haciendo noche. Los jóvenes corren aún. Alicia lleva puestas las alpargatas. Jadeante y excitada, conduce de la mano a Manuel. Miran hacia atrás, y viendo que no los persiguen, se paran un instante. Con la camiseta Alicia le seca a Manuel la sangre del golpe que ha recibido en la frente. Bota la camiseta que ha quedado totalmente manchada. Continúan corriendo.

77 - EXT - NOCHE - FACHADA DISCOTECA

Llegan frente a una discoteca. Ambos jadeantes y sudados. Alicia, muy excitada tira de la mano de Manuel, que se deja llevar como en si aún estuviera confundido por el golpe que se ha dado. Entran.

78 - INT - NOCHE - DISCOTECA

No se escucha música alguna pero hay varias parejas bailando diferentes ritmos. El ENCARGADO DE LA DISCOTECA les entrega dos auriculares. Alicia saca el dinero de su cartera y paga. Manuel se deja guiar. Le molesta el golpe en la cabeza. Ambos se colocan los aparatos. De inmediato, suena un tango arrabalero. Alicia da un pequeño paso de tango, pero desenfrenada, pasa el conmutador en ambos aparatos y ahora lo que suena es un "rock pesado". Alicia baila con frenesí. Manuel, totalmente desconcertado, se queda paralizado en medio de la pista de baile. Se quita los audífonos y silencioso, se soba el golpe que recibió. A su alrededor bailan parejas a ritmos diferentes Alicia, que no parece lograr apaciguarse, pasa de nuevo ambos conmutadores y ahora suena una salsa. Alicia continúa bailando sola, desenfrenadamente pasando de un ritmo al otro.

79 - EXT - NOCHE - BAJO PUENTE

Manuel y Alicia buscan un sitio para dormir y entran bajo un puente. Es un lugar oscuro y pestilente. Allí viven dos indigentes: ENRIQUE y PEDRO de unos treinta años. Ambos están borrachos y recostados sobre un muro inmundo. La penumbra lo arropa todo. Enrique se levanta y se acerca a Alicia y trata de acariciarla.

                          ENRIQUE
                    (lascivo)
              Adelante, princesa...

Manuel se interpone entre los dos. Alicia se aparta.

                          ALICIA
                    (a Manuel)
              Yo sé cuidarme sola.

Observando de cerca a Alicia.

                          ENRIQUE
              ¿Tu cómo que eres la periodista del noticiero?

                          ALICIA
                    (con aplomo)
              No.

                          PEDRO
              Qué va, es demasiado joven para ser periodista.

                          ENRIQUE
              ...pero tu cara me es conocida... (a Pedro) Ah,
              no vale. Es la hija de la familia Román.

                            PEDRO

        ¿Que qué?

                           ENRIQUE

        La culebra, coño...

A los jóvenes, lascivo.

                           ENRIQUE

        Vengan a mí...mis ovejitas.

Alicia y Manuel titubean. Pedro se dirige a los jóvenes.

                            PEDRO

        Escojan un sitio para dormir, como a las cinco
        llegan los demás. (a Alicia) A mi me gustaría
        que me entrevistaran para contarles cómo es
        esta ciudad por dentro.

Manuel lo interrumpe.

                           MANUEL

        ¿Los demás?

                           ENRIQUE

        Los niños. Todas las noches aquí duermen como
        seis, ocho y hasta diez...

Pedro continúa en lo suyo.

PEDRO

Me gustaría explicarle a la gente cómo son las
fauces de la bestia.

Pedro le pregunta a Pedro.

MANUEL

¿Cómo es eso?

Pedro no contesta, parece dormir.

ENRIQUE

La bestia es la ciudad, Pedro la llama así. Es
poeta, borracho… y está loco de bola.
(susurrando) Pero acérquense, que este abuelito
los quiere arrullar…

Los jóvenes se recuestan de la pared pero se quedan con los ojos abiertos.
Enrique ronda cerca de ellos. De pronto Enrique se abre la bragueta.

ENRIQUE

¡A la carga, por delante y por detrás!

Los jóvenes huyen despavoridos.

80 - INT - NOCHE - AREPERA

Los jóvenes, traumatizados por lo que les acaba de suceder, comen arepas y
toman jugo. (Manuel de guanábana y Alicia de mora). Manuel lleva la marca de la
caída en la frente hasta la secuencia de la interrogación. Manuel aspira el líquido
a través de un pitillo, Alicia, todavía en un viaje de adrenalina, devora la arepa y
habla con la boca llena.

                    ALICIA
              (como para ella misma)
          Nunca pensé que me iba a encontrar frente a
          frente con un abusador como ese...(a Manuel)
          Yo sólo he visto eso en películas.

Tierno, trata de cambiar la conversación.

                    MANUEL
          ¿Está sabrosa?

                    ALICIA
          ...no me dan tiempo ni para comer.

                    MANUEL
          Con razón estás tan ... (con humor)
          flacuchentica...

A Alicia no le hace gracia la observación. Lo pellizca, Manuel muerde la arepa ávidamente. Alicia, nerviosa, toma su pitillo y aspira ruidosamente un sorbo del jugo de Manuel. Alicia habla con el pitillo en la boca.

                          ALICIA
            El tuyo está mejor. ¿y cómo te sientes del
            carajazo? (sin dejarlo contestar, disgustada) A
            mi, todos, en la televisora me quieren sacar el
            jugo.

Manuel la interrumpe.

                          MANUEL
            ...cálmate Catalina.

                          ALICIA
            ...Alicia.

                          MANUEL
                  (confuso)
            Perdón, Alicia.

                          ALICIA
            Alicia, como "Alicia en el País de las Maravillas",
            pero más bien en el país de las pesadillas.

Una pareja comienza a bailar al son de la radio que está sobre el mostrador. Manuel invita a Alicia, pero ella no contesta y sigue comiendo y bebiendo desesperadamente.

82 - EXT - NOCHE - CALLE DE COMERCIOS

Llueve. Manuel y Alicia, miran de reojo hacia atrás, caminan por una calle de comercios. Se notan cansados.

83 - EXT - AMANECER – VIDRIERA DE ELECTRODOMÉSTICOS

Llueve. Manuel y Alicia se acercan a un negocio de electrodomésticos. El cielo tiene el tinte rojizo del amanecer. En la vidriera, un televisor muestra la novela "Volver a Nacer". Martirio y Juan Carlos lloran. Instintivamente Alicia se acurruca en la acera bajo el televisor como si ésta cercanía servía para evadirse de la insólita escena cruel que acaban de vivir. Manuel se acurruca a su lado y se abrazan.

                    ALICIA
          Coño, Manú, qué horror la realidad que hemos
          vivido hoy... A mi me gustaría vivir una vida
          "normal" como la tuya.

                    MANUEL
          ¿Normal? ¿Te parece normal comunicarme
          contigo a través de un televisor?

Alicia ríe. Ambos se abrazan. De pronto aparece Pedro el indigente frente a la vitrina. Los jóvenes, asustados se ponen de pie.

                    PEDRO
        ¿Que será... que no será... que detrás del
        televisor está? El cielo está clarito y a nosotros
        se nos mojan los pies.

Sobre la pantalla Martirio y Luis Carlos, lloran en forma tan exagerada que el agua de sus llantos brota como un torrente y moja los pies de los tres personajes.

                    PEDRO
            (delirante)
                Agua corre por mi casa...
                hoguera de mi corazón.

Pedro ríe como un loco, mientras en la pantalla, los personajes de la telenovela lloran desesperadamente.

84 - INT - DIA - SET DE LA FAMILIA ROMÁN (TV)

(Ilustración TV de la escena anterior)

Los dos personajes de la novela lloran.

85 - INT - AMANECER - RANCHO DE VIRGINIA Y MANUEL

Onofre duerme sobre la cama, Virginia se levanta y prende el televisor. Sobre la pantalla ve su hijo Manuel junto a Alicia y Pedro el indigente que ríe. Los tres están frente a la vitrina de la tienda. Virginia, escéptica, se acerca a la pantalla. Constata que se trata de su hijo. Acaricia la pantalla.

                    VIRGINIA
          Manú.

Por la emoción, salta de alegría, se voltea hacia Onofre y grita.

                    VIRGINIA
          ¡Onofre, ven acá!

Onofre despierta.

                    VIRGINIA
          Es Manuel... por la tele... Está con una
          muchachita y un bicho raro que se ríe.

Onofre no se mueve de la cama

ONOFRE

¿Vas a seguir con tus majaderías? Eres igualita a
tu hijo.

VIRGINIA

Es que lo vi ...lo vi. ... lo vi.. ¡es él!.

Carolina aparece en la pantalla del televisor. Le habla directamente a Virginia.

CAROLINA

Ahí tienes a nuestro hijo.

Onofre no sale de su asombro. Virginia, se muestra complacida.

86 - EXT - NOCHE - VIDRIERA ELECTRODOMÉSTICOS (TV)

(Ilustración TV de la secuencia anterior)

Los dos jóvenes y el indigente que ríe están frente a la vidriera de los
electrodomésticos.

87 - EXT - DIA - CALLEJÓN VENDEDORA DE FLORES

Manuel y Alicia caminan por un callejón. Se escucha el sonido de un piano. Los
dos jóvenes se acercan a la ventana de una casa de habitación atraídos por el

sonido del instrumento. En el salón de la casa un PIANISTA toca un bolero. Al lado, un televisor prendido transmite "ruido blanco" por falta de señal. A través de la ventana, Manuel y Alicia, fascinados, observan y escuchan. Los jóvenes se miran, se toman de la mano, se abrazan y comienzan a bailar. Se les acerca una pequeña niña de unos siete años, la VENDEDORA DE FLORES. Lleva en las manos un ramillete de rosas y carga un pequeño morral en la espalda.

                        VENDEDORA DE FLORES
              ¿Flores… rosas?

Los dos jóvenes no contestan. La vendedora de flores gira a su alrededor y les tira de la ropa. Los jóvenes continúan sin prestarle atención. La vendedora les habla en voz baja.

                        VENDEDORA DE FLORES
              ¿Marihuana?. Tengo la más purita de
              Barranquilla.

Manuel y Alicia continúan bailando.

                        VENDEDORA DE FLORES
              ¿Nos acostamos los tres? ¿Hacemos un show
              juntos?

Manuel y Alicia abstraídos, en su mundo, no escuchan ni contestan. La niña, al ver que no logra comunicarse, saca un cuchillo y corta las correas de la cartera de Alicia y se aleja sin hacer ruido.

Alicia, tierna, le pasa la mano sobre el cabello a Manuel. Le palpa con suavidad el golpe que recibió al caer. Manuel le soba los ojos.

Manuel y Alicia, sin percatarse de nada, se alejan por la calle solitaria, abrazados. Alicia hace su típica pirueta de danza. Gato, desde su féretro en llamas, a través de la imagen de la televisión que está en el cuarto al lado del piano, parece observarlos. La imagen se convierte en fuego.

98 - INT - DIA – ENTRADA PENSION

Manuel y Alicia abrazados entran al hall de una pensión. Se besan y se abrazan mientras en encargado, cómplice, les entrega una llave. Ambos suben por la escalera.

99 – INT – DIA – CUARTO PENSION

Entran. El pequeño cuarto se encuentra en la penumbra. Prenden la luz. El piso está inundado pero los amantes no se percatan sino de ellos.

ALICIA

(seductora)

¡Manú, perdí mi zarcillo!

Manuel la toma por el talle.

MANUEL

Seguro que está en la cama.

Ruedan sobre la cama. Los dos amantes hacen el amor con suave intensidad.

100 - EXT- DIA - CALLE MUJER QUE LLORA

Destello de la MUJER DESNUDA QUE LLORA y baila bajo la lluvia.

101 - INT - DIA – CUARTO DE PENSIÓN

Manuel está en la cama, abre los ojos, a su lado Alicia duerme, sin moverse, respirando suavemente.

102 - INT - DIA – CUARTO DE PENSIÓN - BAÑO

Alicia sale de la ducha y se seca con el paño. Manuel entra desnudo. Al pasar le hace cosquillas a Alicia y ella ríe. Alicia va hacia el cuarto. Manuel toma agua y escupe. Se mira en el espejo. Se echa agua sobre la cara.

103 - EXT- DIA - CALLE MUJER QUE LLORA

Destello de una mujer desnuda que llora y que baila sobre la acera de una calle.

Llueve.

104 - EXT - DIA - CARACAS

Llueve. Tomas del agua que llueve y corre por la ciudad.

105 - EXT - DIA - CALLE DE MUJER QUE LLORA

Llueve. Manuel y Alicia caminan bajo la lluvia. Se besan furtivamente. Desaparecen entre chubascos de lluvia.

Elipsis de tiempo

Aparecen de lo mas profundo de la lluvia y desaparecen de nuevo bajo la lluvia.

Elipsis de tiempo

Continúa lloviendo. Los dos se paran bajo un farol. Alicia hace una pirueta de baile. La calle está totalmente vacía.. Manuel tiene el ojo abierto y Alicia trata de sacarle una basurita del ojo.

MANUEL

…más arriba… a la izquierda.. a la derecha…

Alicia le sopla el ojo.

ALICIA

¡Salió!

MANUEL

Si, ya… (con humor) Ahora estoy más ciego que
nunca, se me llenaron los ojos de lluvia.

Manuel se seca los ojos. Alicia y Manuel se toman de la mano y caminan hacia la oscuridad. Alicia comienza a canturrear y hace la pirueta de danza. De pronto, de la nada, de la noche, alrededor de la esquina, aparece una mujer desnuda llorando. Manuel y Alicia quedan paralizados frente al espejismo. Curiosos, se acercan a ella.

MANUEL

(para él mismo)

Yo ya la he visto…

Alicia no parece comprender.

MANUEL

¿Tu también la ves?

Alicia no tiene tiempo de responder. De la misma manera inesperada suena un disparo de la nada. La mujer cae fulminada con una bala incrustada en el cráneo. Manuel y Alicia se tiran al suelo.

ALICIA

¿Qué fue eso?

MANUEL

Coño, un plomazo.

Poco a poco se levantan, la calle sigue vacía. Manuel, mirando a su alrededor.

MANUEL

¿De dónde vino?

ALICIA

Vamos a ayudarla.

Se acercan a la mujer, sus músculos parecen haberse contraído y está en posición fetal. Tiene el cráneo totalmente destrozado. Alicia le toma el pulso. Manuel la levanta en brazos, llenándose de sangre. Lanza un grito desgarrador, desesperado.

MANUEL

¡Auxilio!

Por la mejilla de la mujer corre una gota mezclada con la sangre del cráneo. En voz baja.

MANUEL

(susurra)

MAMAMAMÁ...

La sangre de la mujer, mezclada al agua de lluvia, cae al suelo y explota como vidrio roto.

(El sonido del vidrio se mezcla con los ruidos de la ciudad.)
La lluvia se convierte en llamas.

106 - EXT - DIA - CEMENTERIO PUEBLO (TV)

(Ilustración TV de la secuencia anterior)

Carolina, desde su féretro, a través de las llamas, con los ojos abiertos, parece "observar" a los dos jóvenes.

107 - EXT - DIA - PLAZA MANIFESTACIÓN ESTUDIANTIL

La lluvia se ha calmado y Manuel y Alicia caminan por una plaza. A lo lejos se escuchan gritos, se trata de una manifestación estudiantil. De pronto los jóvenes se encuentran rodeados por el grupo. La policía carga y reparte peinillazos, a izquierda y derecha. Manuel y Alicia corren. De pronto Manuel se ve corriendo al lado de Pajarito, pero un policía lo alcanza, le da un golpe de peinilla y lo derriba. Alicia desesperada se aleja, portada por la muchedumbre que se aleja. Grita.

ALICIA
¡Manú...no me dejes, no me abandones!

MANUEL
¡Alicia!

Manuel y otros jóvenes, entre los que se encuentra Pajarito, son introducidos brutalmente dentro de una "jaula" de policía.

108 - INT - DIA - RECINTO DE INTERROGACIÓN

Manuel, junto con otros jóvenes, entre ellos Pajarito, son introducidos a un recinto de interrogación. El POLICÍA 1 hace el interrogatorio de Manuel. El POLICIA 2 el interrogatorio de Pajarito.

POLICÍA 1

¿Y tú, carajete?

Manuel no contesta.

POLICÍA 1

Eh, cara é gocho, contesta o te caigo a palo.

MANUEL
(irónico)
Estoy de paso ...como todo el mundo.

POLICÍA 1

¡Ah, vaina... un filósofo!...(al policía 2)
¿Mendieta es así que se dice?

POLICÍA 2

¿Qué se dice qué? ¡Ni idea!

POLICÍA
(a Manuel)
¿Tú como que eres menor? Dame tu cédula.

Manuel se la entrega. Mirando la cédula.

POLICÍA 2
(a Pajarito)
Dame la tuya ¿Qué haces con esos estudiantes
revoltosos. ¿De dónde eres?

PAJARITO

De La Candelaria, Estado Mérida… (con humor)
dónde apareció la virgen…

POLICÍA 1

(a Manuel)
¿Y tú? ¿Quien es tu representante legal?

MANUEL

Yo también soy de la Candelaria, de en dónde
le bailan a la virgen y estudio bachillerato, con
ese, mi compañero de escuela (señalando a
Pajarito) …y soy mi propio representante legal.

Pajarito sonríe de oreja a oreja.

POLICÍA 1

¡Ah, carajo, humoristas de un pueblo dónde
apareció una virgen! ¡Qué vaina! Yo que creí
que ya no existían (los dos policías ríen) ¿Qué
voy a hacer con estos chamos…? Mendieta…
Me los fichas y los devuelves a su tierra.

Se dirige a otro joven que espera en la cola.

POLICÍA

El próximo.

El Policía 2 (Mendieta), toma a Manuel y a Pajarito por el brazo y los arrastra hacia una mesa. Les toman las huellas digitales y hacen fotografías de perfil y de frente.

109 - INT - DIA - AUTOBÚS DE VUELTA AL PÁRAMO

Un autobús transita por una carretera de Los Andes. Al fondo montañas y frailejones. Dentro, Manuel y Pajarito están sentados uno al lado del otro.

110 - EXT- DIA - CEMENTERIO DEL PUEBLO

Manuel, de regreso en su pueblo, visita la tumba de Carolina. Carga el guante la pelota y el bate. Planta un pequeño arbusto.

MANUEL

Para que te acompañe…

Manuel se pone de pie, y silencioso, contempla la tumba de su "mamamamá". Al fondo, vemos la inmensidad del paisaje.

111 - EXT - DIA/NOCHE - CEMENTERIO DEL PUEBLO

Los días y las noches pasan en segundos. La lluvia cae sin cesar. El arbusto crece hasta convertirse en árbol. Al árbol sembrado por Manuel comienzan a brotarle, por arte de magia, frutas de diversos géneros: mangos, peras, manzanas, guayabas, mamones…

VOZ EN OFF DE MANUEL

La sociedad y sus "representantes legales" nunca supieron qué hacer con los enamorados…

VOZ DE ALICIA EN OFF

…pero ni la autoridad, ni el tiempo, ni el espacio lograron oponerse a nuestra pasión.

Los dos jóvenes de 21 años se abrazan, arrancan una fruta del árbol y se la comen con gusto y placer.

112 – INT – NOCHE – CUARTO MANUEL Y ALICIA

Manuel y Alicia, de 21 años, duermen desnudos y entrelazados. Alicia está en estado. En el televisor prendido vemos la imagen de Carolina, que "observa"…

113 - INT - DIA - AUTOBÚS ESTACIONADO FRENTE AL PÁRAMO

(los títulos finales van superpuestos sobre la imagen.)

El autobús se encuentra estacionado frente al páramo. Carolina toca el "pajarillo" al saxofón. La Beata, Isolda, Tristán, Enriqueta, el chofer del bus y Armando golpean las latas de leche. La leche en polvo colma el ambiente. Carolina y Manuel de diecisiete años, bailan dentro del autobús. Poco a poco, los que están afuera entran, cada vez más apretujados Alicia, Martirio, Luis Carlos, Virginia, Onofre, Pajarito, la maestra, el chofer del carrito por puesto, la mujer de luto, la atracadora, el atracador, Beatriz, el coordinador, Aquilino, la maquilladora, la vendedora de flores, Enrique, Pedro, el pianista, el policía 1, el policía 2, el oso hormiguero y finalmente, la mujer desnuda que llora. Bailando, salen del autobús por la puerta de emergencia y vuelven a subir por la puerta principal. Se establece, una especie de círculo moebius al ritmo del pajarillo. Al saxofón se ha sumado: un violín, una bandola, un cuatro, un bajo y percusión.

PASAJEROS
(cantando, repetitivos)
Rodando…. y soñando…

¡NO SOLO DE SUEÑOS Y GUIONES VIVIMOS!

(C) LA TERCERA PARTE

Un grupo de reflexiones sobre el Cine. El Cine se hace en equipo. Luis Armando Roche como director, creador, y técnico de cine le da vuelta al ensamble de este arte desde el punto del plano general (PG) hasta el mínimo close up (CU).

UN CINE VENEZOLANO

UN JUEGO EN EL "ENJUEGO"

EL ACTOR Y EL CINE

EL CINE, ARTE DEL SIGLO XX

JUVENTUD Y MADUREZ

FINAL SABROSONGO

Lo que sigue está en la página

Caracas, 7 de abril de 2016

EL CINE VENEZOLANO
(circa 1993)

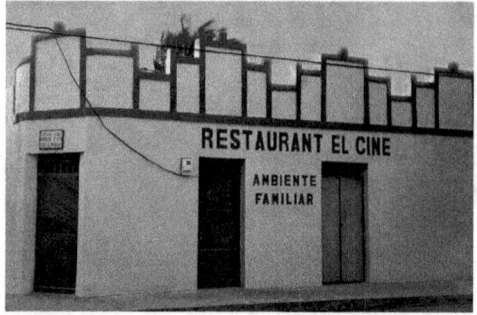

El logro que llamamos civilización enorgullece al género humano, ha sido logrado después de numerosos siglos a través del análisis y el trabajo de numerosos pensadores, y creadores. Se ha demostrado que el hombre o sociedad expuesta al arte logra un grado superior de sensibilidad y conocimiento de "su ser", de la sociedad que los rodea, y de comunicación y armonía con el medio ambiente. El cine… es el séptimo arte… allí lo tenemos y para el gusto y disgusto de algunos, al lado de la literatura, la pintura, la poesía, la música, el teatro y la escultura.

Existe un cine que es el que me gusta a mí, y que a muchos interesa: un cine que como todo auténtico arte nos divulga lo más intrínseco y legendario de nosotros mismos. Un cine "memoria" de lo que somos, para las generaciones futuras o lo que fuimos. Un cine que estimula la capacidad personal de descubrirnos, que nos sirve como vía de expresión, crecimiento y creatividad. Es vital que este cine sea parte del desarrollo de nuestro país. Es imprescindible fomentarlo y apoyarlo con la misma pasión con que se estimulas las otras artes tradicionales. Este cine es vital para los que se respetan como seres del siglo 21.

¡VIVA NUESTRO CINE NACIONAL!

Caracas, 7 de abril 2016

UN JUEGO DE ENJUEGO
(circa 1993)
¿Porqué no vemos sino un solo tipo de cine?

Pregunta compleja de contestar de una manera sencilla y definitiva. La hipótesis se entremezclan en un laberinto sociológico-artístico-político-buro-crático digno de una pieza teatral de Eugene Ionesco. Así pues, como el autor Rumano, lo los juegos de Lewis Carroll vamos a tratar de contestar las siguientes preguntas:

1.- ¿Qué industria depende a la vez de la creación artística y el comercio?:_____?

2.- ¿Qué industria cinematográfica recauda el 80% de las entradas del mundo entero? (Aquí llene las tres letras del país que supone que es):_____?

3.- ¿Qué ciudad de nueve letras:_____?: gasta aproximadamente la misma cifra en propaganda en la producción de sus películas?

4.- ¿Qué industria cinematográfica (para ayudarlos un poco podría soplarles que se podría tratar del mismo de la pregunta 1) ha establecido, con éxito, en el mundo una fórmula de hastío, de "falta de gusto" estandarizado, de explotación sexual y de la violencia:_____?

5.- ¿De qué se queja el público si va a ver éstos bodrios?: NADA

Nos vemos en el cine....

Caracas, 16 d abril de 2016

CINE, ARTE DEL SIGLO 20
Este artículo original se escribió en Agosto 2000

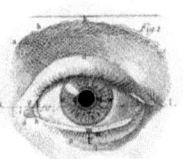

El cine es el único arte nacido durante el siglo 20, memoria colectiva, imágenes en movimiento del ocurrir real y onírico de un pueblo. Un país sin memoria se desconoce, se desvaloriza, pierde su identidad e ignora la existencia de la autoestima.

El fantástico imaginario latinoamericano nos coloca en la vanguardia del atrevimiento; exquisito indispensable a toda creación, fuente de toda invención. Aunque no podeos competir industrialmente con el gigante del Norte, nuestras limitaciones tecnológica y comerciales no son obstáculo; al contrario, nos distinguen, nos hacen crecer, abren un paso a un cine expresivo, a veces primario y balbuceante: pero intenso, auténtico, personal ocurrente y vigoroso. Esta creatividad expresiva es nuestra única posibilidad de trascender… ya que este tipo de cine es literalmente imposible de realizar en el contexto condicionante y estandarizante de un "Hollywood" ahogado en efectos especiales y fallo de temas de auténticas relaciones humanas. Nosotros nos merecemos un cine que sea el producto artesanal y auténtico de nuestras propias fábulas…

Interesémonos pues, en nosotros mismos, nuestro cine… Demostremos que estamos rebosantes de proposiciones humanamente originales, trascendentes para nosotros mismos y para el resto de los habitantes de este frágil planeta.

¡VIVA EL CINE LIBRE!

Caracas, 14 de abril de 2016

JUVENTUD Y MADUREZ

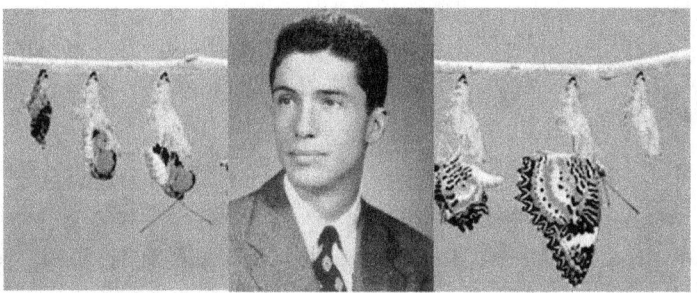

Al artista, cuando mayor, la vida y el trabajo le han enseñado a profundizar los sentimientos y diferenciar los unos de los otros. Enfrentarse a este análisis cuando uno está joven es diferente. La madurez experimenta la situación en forma diferente: más profunda, más suave, más auténtica, menos "definitiva". No utilizo la angustia ni los gritos.

En mi primer largometraje (El Cine Soy Yo), yo estaba listo, en todo momento, a mover paredes, cielo y tierra. Seguro que era parte de mi inexperiencia o inseguridad…

Hoy en día lo primero que hago al entrar en un set es preguntar dónde está la silla… Con mis posaderos bien tranquilos… pienso y decido lo que voy a hacer. Discreta, pero firmemente, indico a los que me rodean que se espera de todos ellos durante la filmación. Se culmina un "grupo" harmónico, con un fin claro y definido que se ha estudiado durante la lectura y análisis del guión. Los actores que han participado en forma cuidadosa y completa se encuentran (en mi caso) libres de improvisar y proporcionarle "vida" a los personajes. El guión son ideas y personajes de cartón, una guía para una el resultado que será una película.

El Cine No Soy Yo Solo…

Caracas, 14 de abril de 2016

Esta es una recopilación de libros de Luis Amando Roche.

El cineasta, director y autor escribe sobre sus memorias/reflexiones, guiones cinematográficos, y teatro, que ha realizado durante su vida.

1. "AIRE LIBRE" Guión de la película (1) (español) – Ediciones Letras y Comunicación – Fundación del Nuevo Cine Latinoamericano, Capítulo Mérida y la Embajada de Canadá en Venezuela – ISBN: 292-604-31996 – enero del 1996

2. "ASÓMATE HACIA ADENTRO" Toda memoria esconde un secreto (2) (español) – Edición Luis Armando Roche – 12 de septiembre del 2010
3. "QUÉ BOTEN MIS CENIZAS AL AIRE Y SE OLVIDEN DE MI" – Luis Buñuel, cineasta de Realidad y Sueños – Guía para un proceso de descubrimiento de las películas de Luis Buñuel (3) – (español) 26 de mayo del 2012

4. "WINKS" memorias (4)– (en inglés) ISBN: 1503304205 y ISBN 13: 9781503304208 – 8 de enero del 2015

5. "PAPA... QUIZÁS?" Ideas y memorias (5) (en español) – ISBN 9781522974222 - 20 de febrero del 2016

6. "SABROSONGO – REFLEXIONES" (6) (en español)
(a ser publicado alrededor del medio del año 2016)

Todos estos libros se pueden comprar en: www.createspace.com o en www.amazon.com

Igualmente, Roche ha realizado películas y documentales que se pueden comprar en los sitios arriba mencionados.

PRODUCCIÓN DISCOGRÁFICA

- "Bandola Oriental"- "Golpe y Revuelta"- "Música del Llano"
- "Tun-Tun" (con Fredy Reyna) - "El Cine Soy Yo"- Soundtrack de la película
- "Luis Armando Roche - Libre Como El Sol, Guindando del ala de Un Ángel"
- 3 Soundtracks de las películas "El Cine Soy Yo", "El Secreto" y "Aire Libre" - "Yotama Se Va Volando" - Soundtrack de la película- "De Repente, la Película" - Soundtrack de la película

CORTOMETRAJES

Del número 1 al 7 están dentro de un DVD que se llama: "ENTRETELONES DE LUIS ARMANDO ROCHE.

- 1. **"RAYMOND ISIDORE ET SA MAISON"** 1965 Documental sobre el artista popular "Raymond Isidore" - "Pique-assiette", del pueblo de Chartres, Francia. Isidore es un personaje que recoge todo lo que brilla sobre el suelo y la utiliza como material para construir su casa - por amor a su esposa.

- 2. **"VÍCTOR MILLÁN"** 1967 Un pintor popular, y su esposa Carmen Millán, viven en el pueblito de Mamo Abajo sobre el Litoral Central de Venezuela. Allí se reúnen con sus amigos, los artistas populares: Feliciando Carvallo y Bárbaro Rivas.

- 3. **"TAMBORES DE SAN JUAN"** 1968 – En el pueblo de Curiepe, en la costa norte de Venezuela tienen una tradición de instrumentos de percusión y bailes tradicionales. Influencia de África en Venezuela.

- 4. "**LA BULLA DEL DIAMANTE**" 1969 Desde el pueblo minero de San Salvador de Paul se escuchan "Bullas" de que se consiguen diamantes en el suelo… La gente llega de todas partes en búsqueda de la preciada piedra.

- 5. "**MÉRIDA NO ES UN PUEBLO**" 1972 Un documental de libre asociaciones cinematográficas sobre el artista Manuel Mérida.

- 6. "**EL INDIO "IGNACIO" FIGUEREDO**" 1972 El fantástico harpisto de los llanos apureños, enseña a un pequeño niño a tocar arpa llanera, y así continuar el ciclo del llano. Lluvia y sequía. "En el llano no hay arriba, ni antes ni después… cuando creo que estoy yendo, puede ser que esté volviendo…"

7. "**UNA SINGULAR POSTA CIENTÍFICA**" 1974 Producciones Educativas (Dr. Alonso Gamero). Un viaje hasta una de las poblaciones del Delta del Orinoco dónde viven los indios Warao, para recopilar sangre y analizarla el IVIC de Caracas. Participación de los Doctores Layrisse.

8- "**UNA VISIÓN LATINOAMERICANA**" 1997 un "making of" de la obra de teatro "La Controversia de Valladolid" de Jean Claude Carriére y Antonio Díaz-Florián.
- "**MI HERMANO MARCEL ROCHE**" – 2001 – Documental sobre mi hermano, el Dr. Marcel Roche, director del IVIC y del CONICIT.

9-"**ÓPERA CÓSMICA**"– 2003 – montaje en escena teatral de la obra de Hildegard Von Bingen cantada "a capella" en los claustros en el siglo 11. Registro videográfico.

MEDIOMETRAJES

VIRTUOSOS" 2001 – Los mejores músicos populares venezolanos del siglo 20: Fredy Reyna (cuatro), Jacinto Pérez (cuatro), Ignacio "Indio" Figueredo (harpa llanera), Fulgencio Aquino (harpa mirandina) y Anselmo López (bandola llanera).

BACH EN ZARAZA" – 2001 – En un sueño, Juan Sebastián Bach viaja a Venezuela con su compañera Lolita. Influencia a toda la música venezolana, incluyendo a Ignacio "Indio" Figueredo.

CARLOS CRUZ DIEZ, 1923-1977, **EN EL CAMINO DEL COLOR**" 1971 – Un documental sobre el trabajo artístico del maestro del Cinetismo.

COMO ISLAS EN EL TIEMPO" 1975 – Exploración a las mesetas de los tepuyes Jaua y Sarisariñame con el Dr. Charles Brewer Carías e investigadores de diferentes conocimientos.

EL SEÑOR COLIFLOR FLORIDO LOS INVITA A SU CASA" - 2004 - (Registro) Una opereta de Jacques Offenbach – divertida, bien cantada y adaptada a la Caracas del 2004. Con Cayito Aponte, Zaira Castro, Francisco Morales, Claudio Muskus, Inés Feo La Cruz y Luis Armando Roche y Andrés Barrios.

LOS PACHECO, UNA FAMILIA SALSOSA" 2014 – Una familia caraqueña viviendo en San Rafael de Cotiza cuya tradición de tambores ha perdurado a través del tiempo y del espacio.

WANDA, UNA VIDA MUSICAL" 2015 – Un cortometraje de animación. Una niña nacida en Martinica, envejece 1 año cuando los demás envejecen 3. Vuela montada sobre el caparazón de un morrocoy llamado "Jonathan" y así visita los más grandes compositores y músicos del siglo 19 y 20.

LARGOMETRAJES

-"**EL CINE SOY YO**" 1977 – Primera co-producción entre Venezuela y Francia. Una especie de "hombre orquesta" decide proyectar películas desde un camión que el pinta de rojo y que así lo convierte en "ballena autovisual". Con, entre otros, Juliet Berto, Asdrúbal Meléndez y Álvaro Roche.

- "**EL SECRETO**" 1988 – Drogas son transportadas por la frontera de La Guajira entre Venezuela y Colombia. Un personaje (Gaspar – Orlando Urdaneta) tipógrafo en su cotidiano es forzado por la policía (Daniel Alvarado) a introducirse en medio de los traficantes. Una bella mujer (Marilda Vera) "se le mete en la cabeza" pero Gaspar vuelve a su familia sin poder contar el cuento. Además actúan Vladimir Bibic, Julio Mota, y Carmen Julia Álvarez.

- "**AIRE LIBRE**" 1995-96. Viaje de Alexander von Humboldt y de Aimé Bonpland. Dos jóvenes científicos europeos hacen un "Viaje a los países equinocciales". Estudian y describen las costumbres de la gente que allí vive. Después de un volcamiento en el río Orinoco, cada uno coge por su lado: Von Humboldt continúa a Europa y a su trabajo en curso, Aimé Bonpland vuelve a Europa y luego vuelve a Latinoamérica. Primera co-producción entre Venezuela, Canadá y Francia. con Roy Dupuis, Christian Vadim, Dora Mazzone, Dimas González, Armando Gota, Sacha Nairobi.

-"**YOTAMA SE VA VOLANDO**" 2003. Después de un asalto, tres personajes (Edgar Ramírez, Asdrúbal Meléndez y Martha Tarazona) se encuentran presos en un apartamento, escondidos de la policía y resguardados por una asaltante (Beatriz Vásquez). La vida continúa. Una niña, la hija de Yotama (Oriana Meléndez) es traída al apartamento y s convierte en una quinta persona atrapada pero su humor y juventud llena el apartamento de luz... El hombre mayor – "Pepé" (Asdrúbal Meléndez) muere. Lo entierran y los que quedan deciden seguir viviendo y "se van volando" hacia su destino del cual no conocen el resultado… 2003 - Con Asdrúbal Meléndez, Oriana Meléndez, Edgar Ramírez, Martha Tarazona, Beatriz Vázquez.

- "**DE REPENTE, LA PELÍCULA**" (una comedia satírica de muertes falsas) 2011. Un grupo que hace cine "barato" decide transferir el decorado de la selva amazónica al jardín de una casa en Caracas para evitar costos… Entre dos árboles se crea un set que gira detrás de los actores. Un policía trata de descubrir "un culpable" -pero finalmente, después de muchas peripecias- suceden una serie de muertes que nadie puede explicar… Un filme dentro de otro filme. Con (entre otros) Carlos Antonio León, Daniela Bascopé, Luke Grande, Adriana Prieto, Andrés Aguirre, Joahanna González, Dimas González, Goyo Reyna, Francisco Denis, Fermín Branger, Luis Armando Roche, Nadine Roche, José Antonio ("El Flako") Rojas, Francisco Alfaro, Rodrigo Michelangeli, Francisco Morales, Liliana Menéndez, Meche Barrios.

- "**INTRAVESÍA**" 2012 Documental del viaje a vela entre Turku, Finlandia y Venezuela. Se incluyen en la historia una selección de películas de Luis Armando Roche y se integran al viaje…

- -"**CAROLINA LA MAMÁ PARTERA**" 2016 (Guion de Luis Armando Roche y Sonia Chocrón)
-Carolina vive en los Andes venezolanos, y es partera armada de una carabina…

-Uno de los hijos, Manuel Marimón, que ella trae al mundo, se enamora de una actriz de televisión, Catalina Román, a través de la pantalla.

-Catalina le pide ayuda y Manuel viaja a Caracas.

-En el set de televisión, Manuel se integra a la telenovela.

-Comienza un sueño dónde los dos huyen de la televisora y comienzan un idilio que los devuelve a Mérida.

-(Carolina la partera) su "mamamamá" a muerto.

-Prueban frutos de un árbol que sembró Carolina, y la vida continúa, "rodando y soñando"...

TEATRO Y ÓPERA

- "**LA CONTROVERSIA DE VALLADOLID**" 1997 de Jean Claude Carrière y Antonio Díaz-Florián. Adaptación y dirección. Una obra que sucede en una corte de la Inquisición. Lo que se debate es si los indígenas tienen o no alma

.

- "**ORDO VIRTUTTUM**" 2000 de Hildegard von Bingen. Adaptación teatral y dirección. Una obra que se cantaba "a capella" en los claustros del siglo 11.

- "**EL SEÑOR COLIFLOR FLORIDO LOS INVITA A SU CASA**" 2004 de Jaques Offenbach.

- Escribe la obra teatral original (2016)"**JUANA LA CALAMIDAD Y JAMES BARRY, HIJO DE MIRANDA**"

¡Y CONTINUAMOS ADELANTE!...

(D) LA CUARTA PARTE

"Press books" y entrevistas sobre algunas de su obras.

TEMAS DE CONVERSACIONES, Y NOTA DE PRENSA, DE "YOTAMA SE VA VOLANDO"

"WANDA UNA VIDA MUSICAL"

Lo que sigue está en la página

TEMAS DE CONVERSACIÓN CON EL DIRECTOR LUIS ARMANDO ROCHE DE YOTAMA SE VA VOLANDO

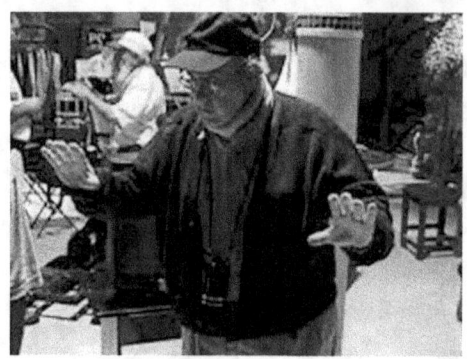

Sobre el título de la película

Vi un graffiti, de esos "de amor" que se ven a menudo en nuestra capital, sobre la pared de una calle de Caracas que decía "Yotana, cambiaste el sentido de mi vida". Ya que me interesa el azar como método creativo, ese curioso nombre "Yotana" sobre un muro, poco a poco se convirtió -curiosamente- en mi inconsciente, en "Yotama"... y luego, quien sabe aún menos por qué... en.... "YO-TE-AMO". El "se va volando" tiene quizás relación con lo efímero del amor... Lamento que no tenga una explicación más cartesiana, pero eso es así...

De dónde surgió la idea del guión

Los guiones y las películas de por sí son elementos efímeros, ilógicos e inesperados: especie de sueños desesperados en búsqueda de vida. Una vez que la idea te pide que la escribas o que la realices...lo mejor es hacerlo rápidamente ya que si no se hace, "ellas" se ponen furiosas...y ¿quién quiere tener una película furibunda trotinándote dentro del cerebro?

Carlos Brito y yo escribimos una primera versión del guión que sometimos a la comisión francesa del Fonds Cinema Sud. Ellos nos dieron una ayuda a la reescritura. En ese momento entró en el proyecto Jacques Espagne, con quien escribí el guión de Aire Libre. De ahí en adelante, el guión tuvo múltiples modificaciones que tiene todo guión orgánico que se nutre de elementos dramáticos "que se encuentran en el aire" mientras uno trabaja con los actores en la preparación.

Trabajo con los actores

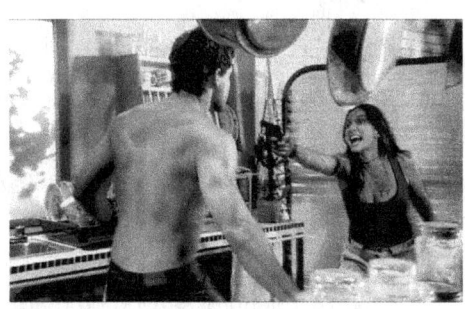

La fase más importante de este trabajo es la del "casting" o la escogencia de cada actor que va a interpretar los personajes. Si el éste se hace correctamente, no debe existir la necesidad de que el director tenga que dar indicaciones físicas explícitas a los actores, ya que un comediante bien preparado encontrará fácilmente la química para encontrar el nivel de realidad y autenticidad requerido. Una vez que el actor ha sido escogido para el papel, necesariamente algunas de sus características personales se van a "colar" dentro del personaje. Esto es inevitable y positivo, mientras éstas características no traicionen lo que se busca en la obra. Uno de los métodos más efectivos que utilizan los actores para crear un personaje, es el de "memoria sensorial". El actor indaga en su memoria para encontrar situaciones, olores, colores. Cada actor utiliza técnicas muy disímiles para encontrar su personaje -pero sea cualquiera que se utilice- el actor sabe que le va a ser imposible mentirle a la cámara. Ésta discierne claramente entre lo vivencial y auténtico y el producto de un proceso puramente intelectual.

Una vez hecho el casting, tuvimos dos semanas intensas de ensayo… o mejor dicho de análisis dramático de la obra y de las motivaciones de los personajes. Esto fue realizado alrededor de una mesa, como en el teatro, sin permitirle a los actores que se pusieran de pie y comenzaran a "actuar". De esa forma, la actuación guarda inmediatez, espontaneidad y frescura y no se torna en algo mecánico. Es interesante recordar que en francés, ensayar se dice répeter, o sea repetición. Esto se entiende como una repetición inteligente, o sea la búsqueda intensa de la autenticidad.

Una vez en esa fase, el actor debe haber obtenido suficiente confianza como para sentirse tranquilo y confortable frente a la cámara, una espontaneidad intuitiva. "La cámara me ama" decía Juliet Berto. La cámara graba a través de los ojos de los actores, la autenticidad interior… Los ojos del actor son el espejo de su alma.

Una vez captado el sentido dramático del guión, las motivaciones y psicología del personaje, los actores se encontraban listos para rodar. Lo que me quedó por hacer fue retarlos para que me sorprendieran… Si yo como director me sorprendo, la cámara, como dije anteriormente, también adora la espontaneidad y la autenticidad. Cualquier esfuerzo por parte del actor de intelectualizar una emoción o gesto, será vilmente desenmascarado.

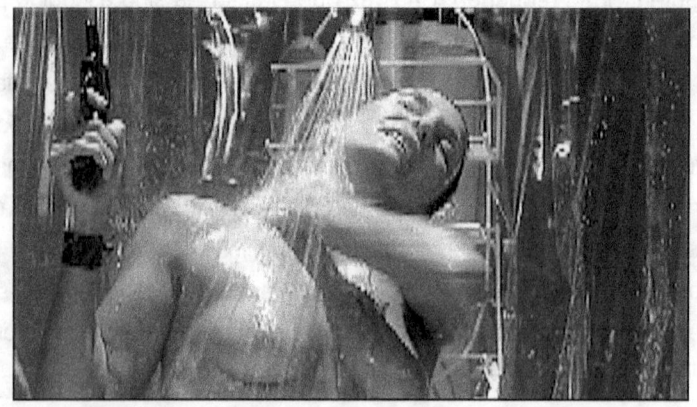

El concepto de fábula

Quise que la historia de Yotama se va volando tuviera características de fábula, una historia inventada en búsqueda de una autenticidad más profunda. La situación dramática debía ser totalmente posible, pero la poesía debía sublimar esa realidad para descubrir otra más profunda.

La realidad en la película

Lamentablemente, hay demasiadas "Yotamas" en nuestro entorno... Beatriz Vázquez para preparar su papel conversó con varias jóvenes que eran o habían sido asaltantes por necesidad. De allí se nutrió de esa vida dura y difícil que ellas tuvieron que sufrir. Pero también descubrió que todas tenían las mismas necesidades afectivas de cualquier ser humano normal, lo que corroboró nuestra premisa dramática. Igualmente, conocimos a varios jóvenes estudiantes que vivían en las mismas condiciones que nuestros personajes, Manuel y Lucía.

Psicología de los personajes

Las relaciones entre personajes fueron cuidadosamente estudiadas con la valiosa ayuda del Dr. Carlos Valedón, un amigo psicoanalista.

Integración de los temas presentes en Yotama... a otros filmes del realizador

He estado interesado en el tema del diálogo y la comunicación desde de mi primer largometraje El Cine Soy Yo, donde Juliet, el personaje femenino principal (Juliet Bertó), apenas hablaba francés. Deben recordar que improvisé una escena dónde Jacinto (Asdrúbal Meléndez - el mismo actor que hace el papel de Emilio, pero hace treinta años...) y Juliet, discuten frente a un diccionario francés/español y se dan cuenta, sorpresivamente, que la palabra comunicación es la misma en francés y en español (y que inglés, si a eso vamos….).

En Bach en Zaraza, los personajes se comunican cantando, lo que considero mucho más interesante o musical que hablar…

En Aire Libre se trata igualmente de comunicación y lenguaje. Humboldt y Bonpland hablan en francés entre ellos y en español con los demás, pero todos se unen a través su interés común por la botánica y la ciencia.

Otro tema recurrente en mi obra es el "amor loco", pasión, total, como lo describieron los surrealistas. En Aire Libre la amistad (una fase del amor) entre Humboldt y Bonpland transciende la muerte. En Yotama se va volando, igualmente se trata de la amistad entre Emilio y Yotama que va más allá de la vida, y en un primitivo ritual, suerte de extraña comunión, ambos se funden en un solo ser cuando Yotama consume las cenizas de Emilio.

Desde mi primera película, Raymond Isidore y su casa en 1964, he mostrado interés en las consecuencias del amor. Isidore, trabajador en el cementerio de Chartres, construyó a todo lo largo de su vida, una casa, un monumento, en honor y pasión a su esposa. Y finalmente, en Bach en Zaraza el amor, canta, dura "más allá, más acá de la muerte"…

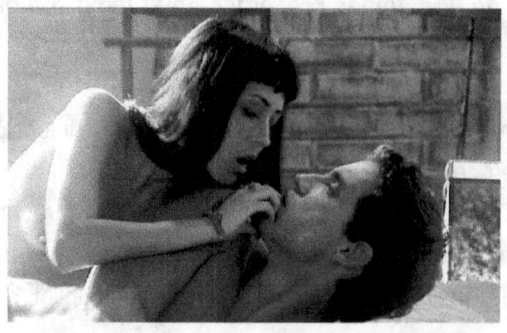

Sonido

El excelente sonido directo grabado por Mario Nazoa se utilizó casi en su totalidad. Solo dos pequeñas secuencias tuvieron que ser dobladas.

Es interesante mencionar que algunos de los diálogos del filme son susurrados. Este efecto, poco común en las películas venezolanas, lo considero muy efectivo ya que el cine es un ritual intimista, con espectadores "cautivos" y en una sala oscura, lo cual "sublima" todo lo que es producto de lo interiorizado.

Ricardo Martínez, el diseñador de sonido realizó un excelente trabajo diseñando las pistas de sonido y realizando la pre-mezcla. Los efectos de sonido fueron muy cuidadosamente escogidos y trabajados inclusive en las secuencias más secundarias. Un ejemplo de ello es cuando Emilio le entrega a Yotama las balas en la mano. El pequeño ruido que estas producen al pasar de una mano a otra se convierte en un intenso elemento dramático. El mínimo chirrido de los resortes de la cama cuando Yotama se sienta al lado de Emilio es otro ejemplo de como el sonido amplificado por el cine, crea un momento que reafirma una cierta "superrealidad". También podríamos mencionar los ruidos de las tormentas que se escuchan al principio y al fin del filme. Estos son escogidos con mucha atención, casi musical, casi orquestal. El trabajo de un meteorólogo loco y melómano….

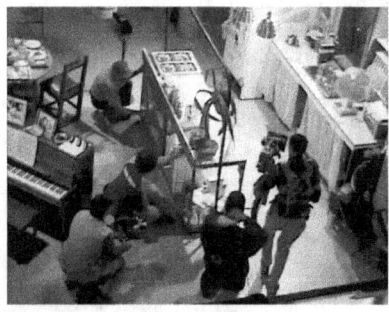 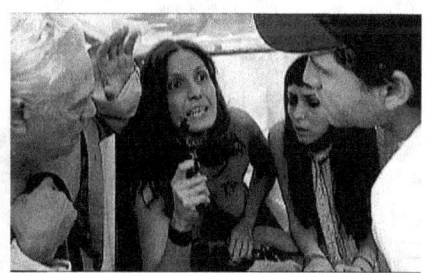

Música

Federico Ruiz, el compositor, y yo colaboramos en forma muy cercana. Un año antes de comenzar la filmación ya habíamos escrito el tema de la película, "Recordaré", cantado "con el corazón en el vientre…" por María Rivas. También utilicé su voz como suerte de coro griego que presenta y cierra la acción del filme.

En la película hay mucha música "en vivo" ya que Emilio es pianista.

La música y el sonido, tanto la que sucede dentro del espacio encerrado como la de fuera del apartamento, está intrínsicamente ligado a la dramaturgia.

Montaje

Debo darle las gracias a mi "viejo" amigo y colaborador Giuliano Ferrioli, quien aportó su "ojo peláo" y experiencia para darle sentido al laberinto de imágenes. Giuliano fue asistido por Manuel Márquez, el joven colaborador con quien monté Virtuosos y Bach en Zaraza. El grupo de edición se complementó con la participación de Yuri Ferrioli, hijo de Giuliano, quien editó una parte del filme, realizó los efectos especiales y los títulos.

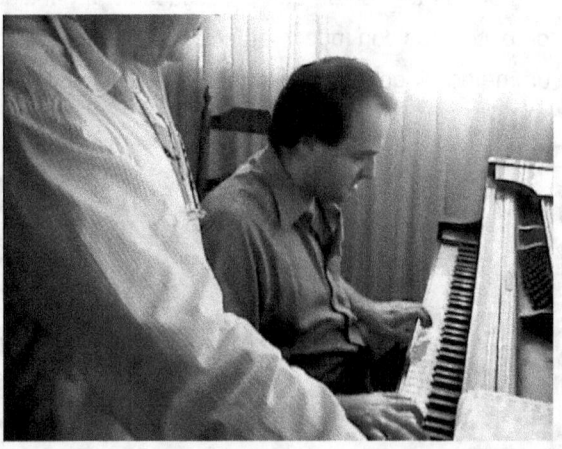

Locaciones

Casi todo el filme se rodó en los estudios de ArteVisión de la Universidad Simón Bolívar. Gerald Romer, el director de arte, diseñó un fascinante "loft" criollo donde las paredes son móviles y parte de la acción actoral donde sucede casi toda la acción.

Filmar en estudio permite un mayor control de la iluminación y del sonido y, sobretodo, crea una mayor concentración entre los técnicos y los actores. No sólo el rodaje es más corto, sino que los esfuerzos creativos de todos son dirigidos directamente hacia darle mayor calidad al filme.

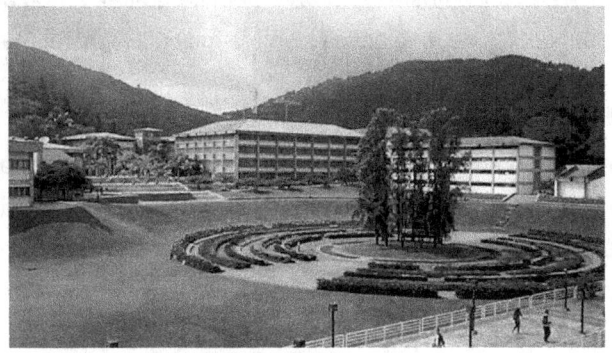

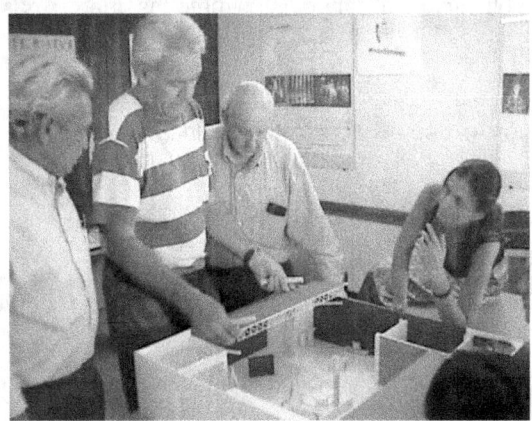

Las razones de rodar en video

Existen varias razones para rodar en video. La primera tiene que ver con la economía. El equipo y el material virgen es más económico en video que en cine. A la vez, se ahorra revelado y telecine.

Igualmente se logra ver de inmediato el resultado de lo que se acaba de filmar. No tienes que esperar los "rushes" del próximo día para saber como quedó la escena.

También, el video te permite utilizar más fácilmente dos cámaras ya que el material virgen es poco costoso. Esto te permite grabar varios ángulos a la vez. Esta abundancia de material es siempre muy útil al momento del montaje.

Otro elemento no menos importante, es la posibilidad que ofrece el video de permitir experimentar diferentes alternativas actorales y dramáticas. El director, y también los actores, pueden atreverse a buscar nuevas alternativas sin el compromiso del costo de la película virgen. El video se convierte en elemento de libertad económica, y por consiguiente artística. Las sorpresas creativas que obtuvimos utilizando estos métodos, fueron más que beneficiosas.

En conclusión, el uso de video ofreció varias ventajas. En orden prioritario:

1) Permitió probar múltiples alternativas actorales sin preocuparse por el costo de la película virgen.
2) El rango de corrección y colorización del video siendo muy elevado, se lograron efectos y correcciones muy ambiciosas.
3) El hecho de que se puede ver de inmediato lo que uno acaba de rodar en una gran ventaja.

4) Con el control en estudio y la utilización de dos cámaras, el rodaje total de la película se redujo a cuatro semanas y media

5) Se minimizó el costo de material virgen, y se evitó el revelado, rushes, etc.

El proceso técnico

Sigue una serie de detalles técnicos que puede interesar a los realizadores que decidan utilizar esta novedosa técnica del video/cine.

Para el filme utilizamos dos cámaras Sony 500WS en formato PAL, con dos equipos completos de técnicos de cámara.

Inmediatamente después de grabar la escena, el editor digitalizaba las cintas en una Macintosh G3 con Premiere 6.0 en PAL en una sala de montaje improvisada que instalamos en el mismo edificio del estudio. En ese momento chequeaba si teníamos todos los ángulos que necesitábamos para el montaje y si la calidad técnica era adecuada.

El sonido directo fue grabado directamente en las dos cámaras, con grabación en DAT como "backup" de seguridad. La cámara Sony 500 tiene un sonido de excelente calidad (lo que no es siempre el caso con las cámaras de video) y no tuvimos que recurrir al DAT sino en dos casos puntuales. Naturalmente, al tener el sonido ya en el propio cassette de grabación, el proceso de digitalización se hacía mucho más rápido.

Una vez montada la película, con el sonido aún en Premiere, el sonido directo era pasado del Premiere a Pro Tools 5.1 y entregado a Ricardo Martínez, el diseñador de sonido, quien en su estudio, lo corregía y lo "endulzaba". Martínez, luego diseñaba y grababa el foley. Finalmente hicimos, con el mismo Martínez, la pre-mezcla en Pro Tools.

Desde Caracas salimos hacia Paris, para terminar la post producción de imagen y sonido, con un pequeño cassette DVCAM PAL y un disco duro con la sesión Pro Tools en 24 canales ya pre-mezclado. En París, GTC Numerique se ocupó de la imagen y el Auditorium de Joinville de la mezcla Dolby Digital. En GTC Numerique trabajamos con un colorista extraordinario que se llama Phillipe Cappel. La ventaja que tiene este técnico es que trabajó largos años como colorista en un laboratorio químico. Esa experiencia le hace conocer íntimamente la reacción de la película a las correcciones electrónicas que hacía. Considero que la calidad del colorista es un elemento primordial en este proceso. Es en ese momento que se logra finalmente la imagen que uno a buscado desde un principio. Por ejemplo, la imagen que obtuvimos en el video que fotografió Vitelbo Vásquez - de acuerdo a lo que le pidió el laboratorio - debía tener muy bajo contraste ya que se necesita que haya "información" electrónica en la imagen, ya que si no existe no se puede crear. La verdad es que tanto Vitelbo como yo estábamos un poco asustados cuando veíamos la imagen que resultaba de lo que el laboratorio nos había pedido… era la primera vez que hacíamos un trabajo en video para terminar en cine… Pero tenía razón el laboratorio en pedírnoslo así.

Con un material con suficiente "información", como dije antes, el colorista está capacitado para realizar una multitud sorprendente de correcciones. Debo de nuevo felicitar al señor Cappel, quien con su formación artesanal, tanto técnica como artística - típica de los técnicos franceses - logró una imagen cónsona a lo que Vitelbo y yo habíamos buscado. Nos acompañó durante la colorización el gran amigo y director de fotografía cubano Ramón Suárez, quien nos asistió para lograr la atmósfera visual que buscábamos. La corrección de la imagen fue grabada en Beta Digital PAL.

De este nuevo original corregido, GTC Numerique fabricó el negativo 35mm y la primera copia. La copia fue a la vez corregida por un técnico de laboratorio y procedieron a sacar una segunda copia, la que ellos llaman la copia 0. Considero que en GTC procedieron muy correctamente, ya que nos cobraron sólo a partir de la copia 0, la que resultó perfectamente explotable en salas.

El original Beta Digital PAL que se empleó para fabricar el negativo igualmente sirvió, después de hacerle una corrección general, como master broadcast PAL.

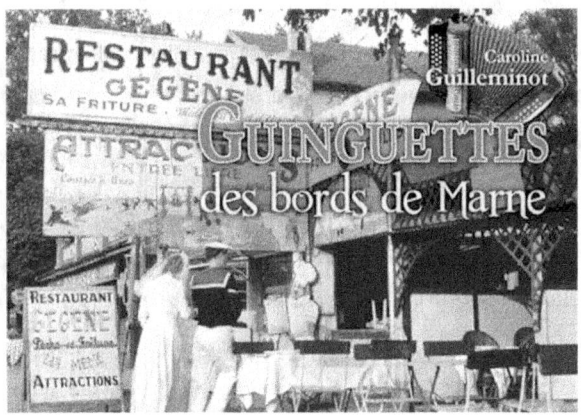

Con ese master corregido, hicimos una copia Beta SP, y con esa copia y nuestro disco duro fuimos al Auditorium de Joinville para realizar la mezcla del sonido Dolby Digital. Debo mencionar que la pre-mezcla hecha por Martínez en Caracas estaba tan bien hecha (la repetimos tres veces, dejando espacio de tiempo entre mezcla y mezcla) que nos tomó sólo 4 horas para realizar la mezcla definitiva. Esto es considerado muy corto tiempo para mezclar un largometraje, pero la excelente preparación de las bandas por parte de Martínez nos lo permitió. A partir de la mezcla, Joinville fabricó un óptico 35mm Dolby Digital.

Una última recomendación: para los que utilicen el formato 16:9 en la cámara de grabación, lo que equivale a el formato de proyección 1:85, hay que saber que la imagen en video está anamorfizada y que debe verse en un monitor especial. Este material anamórfico puede convertirse en standard TV con un software muy económico que ofrece DVFilm en Texas denominado "Maker". Este tiene varias funciones ya que convierte las "duras" imágenes de video en "film look, a "letterbox" o al standard TV. También dvfilm tiene otro software (Atlantis) que convierte el PAL en NTSC y viceversa. Todo estos programas se pueden conseguir a través de internet en la página: www.dv-film.com.

NOTA DE PRENSA "YOTAMA SE VA VOLANDO"
CUARTO LARGOMETRAJE DE LUIS ARMANDO ROCHE
por Lorena Pino

La película protagonizada por Edgar Ramírez, Beatriz Vázquez, Asdrúbal Meléndez y Martha Tarazona, es una historia narrada en forma de fábula que pone al descubierto los contrastes de la Ciudad de Caracas a través de la convivencia forzada de sus personajes

Yotama se va volando es producción del cineasta venezolano, Luis Armando Roche, quien en 1999 recibió el Premio Nacional de Cine, por su destacada trayectoria en el difícil medio cinematográfico, donde se inició en los años 60 de la mano de su padre, el urbanista y también cineasta Luis Roche. Desde entonces ha realizado más de 20 cortometrajes que incluyen documentales y ficción, además de cuatro largometrajes: El cine soy yo (1977), El secreto (1988), Aire Libre (1996) y Yotama se va volando (2003).

Para Roche, esta película pone en escena el encuentro de dos mundos paralelos: "el de una debutante de asaltante y la de un músico retirado. La relación de los personajes comienza durante un enfrentamiento al borde extremo de la violencia y de la muerte. La tensión divulga los parecidos y las diferencias de los personajes, y actuando como revelador, hace surgir las auténticas relaciones humanas que todos ellos esconden".

Todo comienza en un restaurante durante la época de navidad, allí se encuentran celebrando Emilio (Asdrúbal Meléndez), su nieto Manuel (Edgar Ramírez) y su compañera Lucía (Martha Tarazona), pero de pronto, son sorprendidos por un grupo armado del cual forma parte Yotama (Beatriz Vázquez), quien toma al trío como rehén... a partir de ese momento se desarrolla esta historia donde los más universales conflictos humanos salen a relucir, marcados por una realidad social determinante.

En esta película el trabajo actoral fue fundamental, por lo que fue imprescindible realizar un minucioso escogencia del elenco actoral. Para el director, "la fase más importante es la del "casting" o la escogencia de cada actor que va a interpretar los personajes. Si éste se hace correctamente, no debe existir la necesidad de que el director tenga que dar indicaciones físicas explícitas a los actores, ya que un comediante bien preparado encontrará fácilmente la química para encontrar el nivel de realidad y autenticidad requerido (...) Una vez hecho el casting, tuvimos dos semanas intensas de ensayo... o mejor dicho de análisis dramático de la obra y de las motivaciones de los personajes. Esto fue realizado alrededor de una mesa, como en el teatro, sin permitirle a los actores que se pusieran de pie y comenzaran a "actuar". De esa forma, la actuación guarda inmediatez, espontaneidad y frescura y no se torna en algo mecánico"... Precisamente, en este trabajo, las actuaciones de Edgar Ramírez, Beatriz Vázquez, Asdrúbal Meléndez y Martha Tarazona, y la presentación en cine de la niña Oriana Meléndez, respondieron a esas exigencias.

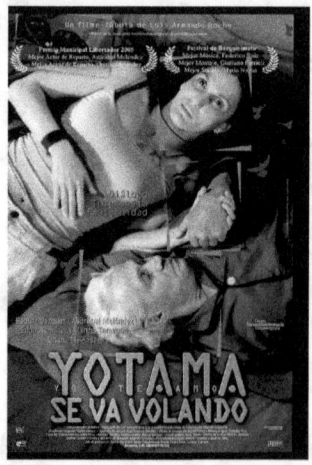

Un aspecto de interés, es que Yotama se va volando fue realizada en video, para posteriormente ser llevada al formato 35 mm, lo que a juicio de Roche ofreció varias ventajas y particularidades: "El cine como medio de fijación es muy costoso. Precisamente, Yotama se va volando se realizó en video, en Mini DV-Pal, que ofrece muy buena calidad, posteriormente se pasó en su totalidad al formato cine. Al trabajar en video, se ahorran costos del material original, de revelado, de las copias de trabajo, etc., pero no sólo se trata de un aspecto económico, pienso que uno puede prepararse con los actores de tal forma que ellos no se sientan amarrados a un determinado corte de las tomas. Otro aspecto es la libertad, que va ligado a la economía. (...) La economía está relacionada con la libertad, mientras más costosa sea la película menos libertad hay. En este caso, surgió una dinámica muy interesante a la hora de filmar, los actores estaban totalmente claros de sus personajes, no tenían que usar el cerebro, sino más bien el corazón, que es muy importante en cine (como en la vida). (...) Por otra parte, en video uno puede ver de inmediato lo que ha filmado, puedes ver el tipo de iluminación, puedes ver la escena, en este caso con dos cámaras veía lo que hacía una o la otra. No tenía que esperar un día por el revelado. Además, las cámaras son más pequeñas, muy sensibles a la luz, puedes trabajar más rápidamente, son livianas. Mucha gente está en contra de el video, dicen que la imagen no es igual a la de cine, pero eso es falso, la imagen de video, es matemática, al analizar lo que significa el celuloide de una película matemáticamente, tu puedes reproducir exactamente lo mismo en video".

El guión de esta película recibió la ayuda a la reescritura del Centre National de la Cinematographie a través del Fonds Cinema Sud de Francia. A partir de ese momento se rescribieron 20 versiones y lo que fue filmado tuvo su "propia" versión.

En cuanto a la música, vale destacar que la letra de varias de las canciones es del propio Luis Armando Roche, con la composición musical de Federico Ruiz y la participación especial de la cantante María Rivas.

Finalmente el director acota: "Quise que la historia de Yotama se va volando tuviera características de fábula, una historia inventada en búsqueda de una autenticidad más profunda. La situación dramática debía ser totalmente posible, pero la poesía debía sublimar esa realidad para descubrir otra más profunda".

YOTAMA SE VA VOLANDO, (Venezuela 2003)

Dirección: Luis Armando Roche. Guión: Luis Armando Roche, Carlos Brito, Jacques Espagne. Producción: Marie Françoise Roche para ARSIETE C.A. Jefe de producción: Carlos Marchán, Productores asociados: Ramón Torrealba, Vladimir Bibic. Director de fotografía: Vitelbo Vásquez. Música: Federico Ruiz. Tema musical interpretado por María Rivas. Montaje: Giuliano Ferrioli. Editores: Manuel Márquez, Yuri Ferrioli. Intérpretes: Beatriz Vázquez, Asdrúbal Meléndez, Edgar Ramírez, Martha Tarazona, Oriana Meléndez. 90 min.

¡LORENA ERES LA MEJOR!

(E) LA QUINTA PARTE

Teatro.

Esta es una obra con la que viajó como traductor, adaptador y director, junto a El Teatro Itinerante de Venezuela, en diferentes sitios de Latinoamérica.

"LA CONTROVERSIA DE VALLADOLID"

LA CONTROVERSIA DE VALLADOLID
de Jean-Claude Carrière y Antonio Díaz-Florián
Teatro Itinerante de Venezuela

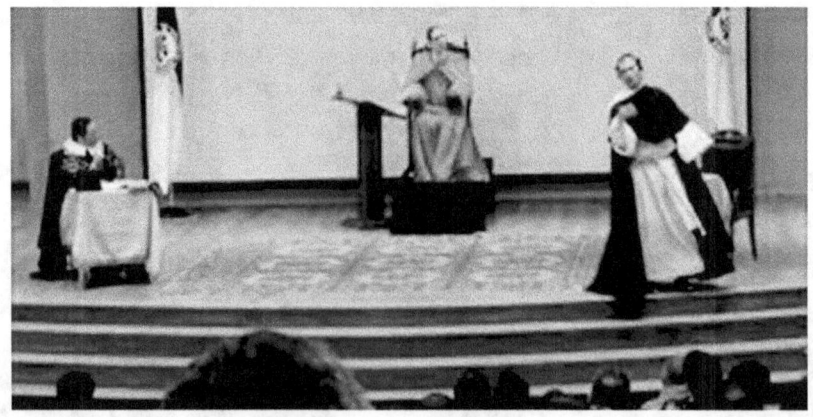

Una "Controversia no demasiado católica...

LA OBRA

Alrededor de 1550, una pregunta agita la Cristiandad: ¿Qué son los indios, una categoría de seres inferiores que hay que someter a través de la fuerza y evangelizar, u hombres iguales a los europeos? Un legado del Papa debe decidir. Enfrentados dos españoles: Juan Ginés de Sepúlveda, cronista y capellán del Rey de España, letrado, racista, y ducho en el arte de la polémica, y Fray Bartolomé de las Casas, Doménico y hombre con muchos años de experiencia en el Nuevo Mundo. El primero defiende la guerra y la fuerza en el nombre de Dios a través de un libro "Las causas justas de la guerra" que espera publicar. El segundo milita contra la esclavitud de los indios. Un mano a mano dramático, el eco del cual se escucha aún…

Valladolid 1550 – Pretexto para una obra contemporánea 1997 – Un grupo itinerante de actores y técnicos teatrales se aglomeran en torno a un cubículo de maquillaje ubicado sobre el escenario teatral. Se prepara una obra que detenta como proscenio un evento acaecido en el siglo 16 en España... Se crea el paralelo, la relación con la era contemporánea... El poder, la intolerancia, el fanatismo, el genocidio el racismo y la violencia; la explotación del hombre por el hombre, la dominación cultural, económica y espiritual; ninguna es limitada a una sola jurisdicción, a una sola época o a un grupo religioso... La historia no es sino el inextinguible reflejo de si misma...

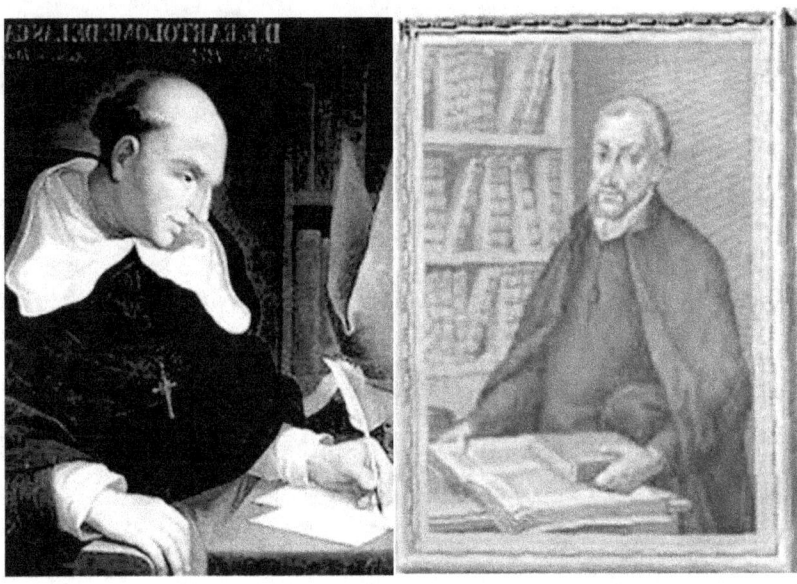

Bartolomé De Las Casas   **Juan Ginés De Sepúlveda**

CONTROVERSIA, ES...?

(F) LA SEXTA PARTE

Ópera.

La primera es basada en la obra del siglo 11 de la autora alemana Hildegard von Bingen. También sirvió como base de un documental que se titula "Ópera Cósmica.

La segunda es una opereta de Jacques Offenbach montada en el Teatro Trasnocho, en Caracas, Venezuela.

"ORDO VIRTUTUM"

"EL SEÑOR COLIFLOR FLORIDO LOS INVITA A SU CASA"

Esta es la última parte del libro.

ORDO VIRTUTUM

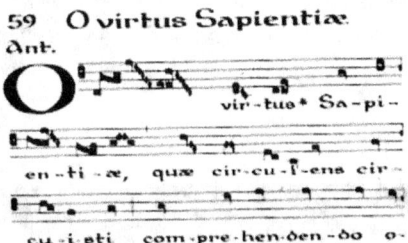

Una obra para cantar "a capella" en los claustros… llevada al teatro de hoy en día…

NOTAS SOBRE HILDEGARD Y LA OBRA

"Ayudar a vivir… dominante propósito de toda filosofía, arte o ciencia humanística: se llame esta marxismo, teatro, psicoanálisis, o religión. No es gratuito que Hildegard von Bingen, la magistral compositora y mística del Medio Evo cuente entre sus principales obras Physica e Causa et Caurae, ambos tratados de medicinales de la naturaleza. Ordo Virtutum es una ópera cósmica, armonía celeste, fábula moralizadora, embate de luces y sombras, emulsión de blancos y negros, consonancia de voces angelicales en oposición a la violencia endemoniada… A los que se encuentren dispuestos a dedicarle una serena e imparcial concentración, la armónica videncia de la obra los arrullará y encantará…

SINÓPSIS DE LA OBRA

Érase una vez…

Profetas y patriarcas: raíces de la creación… y virtudes "ramas y frutos del viviente ojo" deambulaban por el cosmos… Una Alma Félix pide el apoyo de las Virtudes para "luchar contra la carne". El diablo experimenta la tentación y cautiva el anima felix y a sus sombras… Humildad convoca a la Virtudes para un delicado combate… las Virtudes se presentan El alma penitente, acompañada de su sombra, se confiesa solicita indulto y ayuda. Las Virtudes se unen para vencer al diablo. Cristo se ofrece en sacrificio… Todos los seres se arrodillan ante Dios Padre…

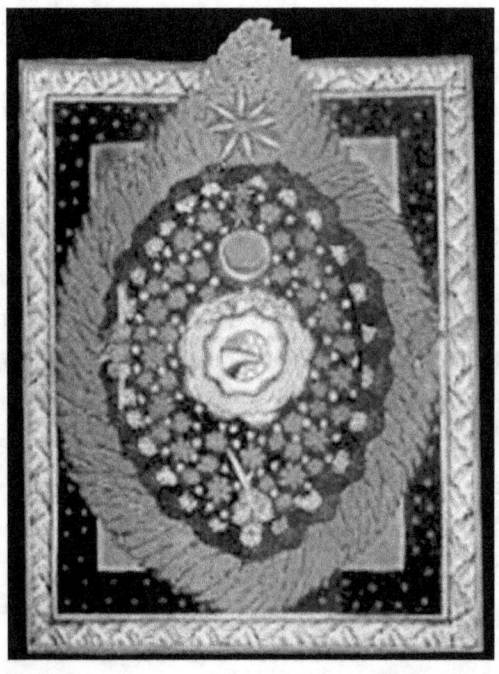

CANTEN TODOS "A CAPELLA"

EL SEÑOR COLIFLOR FLORIDO LOS INVITA A SU CASA

Una ópera bufa contemporánea y festival de Jacques Offenbach

Adaptación y dirección Luis Armando Roche
Con Cayito Aponte, Zaira Castro, Francisco Morales, Andrés Barrios, Inés
Feo La Cruz, Claudio Muskus
Invitado especial Federico Ruiz
Dirección musical Gerardo Gerulewicz
Diseño de vestuario y escenografía Álvaro Roche

Producción Marie-Françoise Barré de Roche
Estreno el 17 de agosto de 2004
en el Teatro Transnocho de Caracas, Venezuela

Cantantes:
Cayito Aponte (Señor Coliflor)
Zaira Castro (Ernestina/La Sontag)
Francisco Morales (Chysodule Babylas/Rubini)
Andrés Barrios (Petermann)
Inés Feo La Cruz (Sra. Balandard)
Claudio Muskus (Sr. Balandard)
Luis Armando Roche (cuidador de escenario)

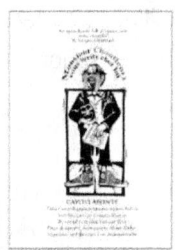

DE LA ÓPERA CÓMICA A AL ÓPEA BUFA

Texto de Jacques Offenbach (1856) para la apertura del concurso de opereta organizado por el Teatro Bouffes Parisiennes y ganado por Georges Bizet y Charles Lecocq.

La ópera cómica es una suerte de riachuelo de límpidas aguas: reflejo de una época. En la mitad del siglo XIX (Segundo Imperio francés) el riachuelo se convierte en trepidante río, los poemas operáticos de colman de humor festivo y parodian una realidad bufa. La nueva ópera se basa en bocetos musicales de la antigua ópera cómica, en la "farsa" que produjo el teatro de Cimarosa y los primeros maestros italianos y en la tradición, muy francesa de la sátira a sus contemporáneos reflejos de la condición humana, todo esto apoyado en la vieja tradición de la alegría (gaîté) parisina. Poco a poco descubrimos que la realidad no es sino un disfraz...

SINÓPSIS DE LA OBRA

Buscando crearse una mejor situación social, el Señor Coliflor Florido invita a un crítico de la página de sociales de un periódico capitalino a una velada privada de canto lírico italiano. Los participantes estrellas del "Bel Canto" de paso por Caracas: La Sontag, Rubini y Tamburini. Al último momento, los cantores notifican al Señor Coliflor que no pueden asistir... Su hija Ernestina conjetura una maquinación providencial que no tiene otro objeto que hacerle un chantaje de amor a su padre. Ella ama a Babylas un joven compositor y vecino. Ambos convencen a Coliflor de hacerse pasar por el trío de cantantes italianos... El engaño funciona. El señor Coliflor Florido se ve forzado a acordar la mano de su hija.

ANÁLISIS DE LA OBRA

"**EL SEÑOR COLIFLOR FLORIDO LOS INVIA A SU CASA**" expone el reflejo de una sociedad de ópera bufa, un espejo deformado de si misma. La obra es una comedia sana y revitalizadora creación de "auto-risa" La idea nació de la frívola imaginación del Duque de Morny (bajo el seudónimo de M. de St, Remy), amigo íntimo del Emperador Napoleón III y presidente de la Corte Suprema de Justicia de Francia durante el Segundo Imperio. Offenbach decía que con su obra "quería fundar una compañía de seguros contra el "aburrimiento". El poeta y crítico Heine dijo "Es música francesa de auténtica gracia, dulzura inocente, frescura con olor al flores silvestres... y a azufre... una realidad burlesca y poética". Tolstoy dijo que "El Señor Coliflor... parodia a la ópera italiana y es tan fresca y espontánea que todo está permitido".

EL COMPOSITOR

Jacques Offenbach nació en Colonia en 1819. Su padre era un cantante y compositor y el joven estuvo siempre rodeado de música. Offenbach perfeccionó sus estudios musicales en el **Conservatorio de París como violonchelista**. En 1855 creó, con rotundo éxito el género "ópera-bufa" – una sátira y entretenimiento musical que reflejaron y divirtieron al mundo entero, y a la vez, hace reflexionar sobre la condición humana. Offenbach cuenta con una extensa producción de más de 490 obras musicales, entre las cuales 91 óperas y 400 cantatas, ballets, pantomimas, solos para voz y piano, obras sinfónicas y música de cámara. Entre sus más conocidas óperas se encuentran: **Orfeo en el Infierno, La Bella Helena, Los Bandidos, La Vida Parisiena, Los Cuentos de Hoffmann, La Perichole y Bataclan.**

LA MÚSICA

Offenbach escribió música para todo público. Esta está colmada de diversión, ternura y alegría. Las melodías de Offenbach - como decían los críticos de la época – "es dinero contante y sonante" que parodia lo grandioso y lo pomposo en lo musical, Offenbach hace cantar a los personajes de Coliflor Florido a través de efectos propios del canto italiano, haciendo resaltar magistralmente las sílabas francesas y utilizando la articulación de los cantantes para producir un efecto armónico y dramático "tremendista" que logra la emulsión de la melodía de la situación dramática y cómica.

MARIE-FRANÇOISE ROCHE - PRODUCTORA

Maestría de Arte Contemporáneo de la Sorbonne – compañera, cómplice y productora de toda la obra de Roche – incluyendo "**La Contoversia de Valladolid**" y "**Ordo Virtutum**".

¡QUE SIGA LA FIESTA QUE NO FALTE NADA!

LUIS ROCHE, MI PADRE

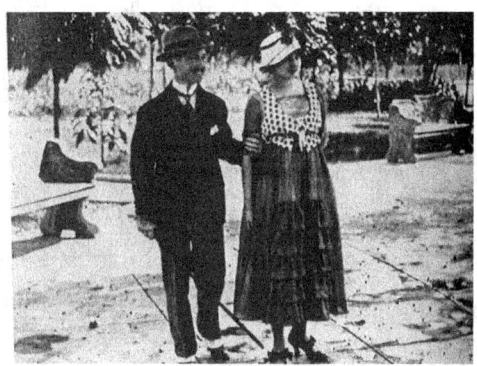

Luis Alberto Roche Jacquin era una persona, como lo dijo muy bien mi hermano, el Dr. Marcel Roche, en su libro: "**La Sonrisa de Luis Roche**" (© 1967 Marcel Roche – ISNN: 978-980-390-216-2). "Qué brillaba por su sonrisa y carácter. Su optimismo no era inconciencia. Tenia rasgos de ironía francesa, de Humour inglés y de mamadera de gallo".

Es quizás lo que la gente se recuerda más de el. Nació en Caracas el 22 de noviembre de 1888 de padre y madre de origen francés. Su abuelo materno Emil Jacquin, oriundo de Burdeos, Francia, llegó a Venezuela. Era fabricante de espejos y fabricó, con sus propias manos, el Arca del Libertador (Sarcófago Dorado) que reposa aún hoy en día en el Museo Bolivariano de Caracas. Su taller estaba situado donde ahora se encuentra el Cine Ayacucho, de Bolsa a Padre Sierra.

Su abuelo, paterno Joaquim Roche, emigró a Venezuela alrededor de 1856, y era originario del pueblo de Aurillac, en el Massif Central.

Don Emilio Roche, su padre y mi abuelo, nació en Caracas en la esquina de La Gorda, y vivió más de 50 años en la capital que amaba. Llamado familiarmente Pepé (diminutivo de abuelo en francés). Compró una propiedad en Quebrada Honda, que queda cercana al actual Colegio de Ingenieros. Allí construyó, como negocio, cuatro quintas, tres de a cuales alquiló y la otra la habitó. Las quintas eran de zinc, lo que el llamaba "antisísmico".

Hasta 1920 Don Emilio dirigió el almacén de Roche y Cia, de Gradillas a Sociedad. Volvió a Francia en 1940 durante la Segunda Guerra Mundial, y habitaba una casita de campo en Versailles, cerca de Paris. Después de la guerra volvió a Caracas. Le gustaba mucho ir al cine, en particular a los cines: Rialto, Ayacucho y Principal. Terminando el matinée, volvía a pie a su casa en Los Caobos. "Luis heredó de Don Emilio su sana constitución física, libre de hipocondría, su rectitud, su honradez, su buen humor y su don de gente, pero –quizás afortunadamente no su conservatismo y su parsimonia.

Luis Roche, se casó con Beatrice Dugand Gnecco, nacida en rio Hacha, Colombia en 1896. La conoció durante uno de sus viajes a París. Su padre era de origen francés y su madre de origen italiano. Se casó con ella en L´Eglise du Gros Caillou en la rue St. Dominique de París. Volvió a Caracas con su esposa en 1916, esquivando los submarinos alemanes que atacaban los barcos con banderas francesas.

Hay recuerdos que tengo de él, entre ellos:
1- nunca le conocí un enemigo,
2- le gustaba contar chistes, y que su interlocutor estuviese más feliz y positivo después de conversar con el
3- era ameno y gentil
4- trabajador empedernido
5- visionario
6- generoso, y muchas cosas buenas más.

Papá tocaba el violonchelo, en tertulias caraqueñas, y de vez en cuando en funciones teatrales. Esto no hay muchos que lo saben… pero mi hermano Marcel, que era un melómano, lo cuenta en la biografía de nuestro padre.

También era fotógrafo y hacía fotografías de tres dimensiones, además fue uno de los primeros en Caracas en utilizar una cámara Rolleiflex 2.8 tessar.

En 1922 Dona Beatrice heredó de su padre la quinta Villa Francia, situada en la esquina de la Placita Páez del Paraíso. Juan Bernardo Arismendi se acercó a mi padre y le ofreció en venta por Bs 36.000 cada una, cuatro casas por construir de Pescador a Cochera. Luis compró las casas a nombre de Beatrice Roche con un pagaré sobre Villa Francia. De allí adelante comenzó a desarrollar negocios con Juan Bernardo Arismendi, entre otros, fabricar y vender casas. Beatrice, su esposa, poseía un "buen gusto" y trabajó para ayudar a su esposo y a Arismendi. Siguieron varios proyectos: San Agustín del Norte, El Conde, y solo, Los Caobos, la Florida ("La flor ida", decían en broma) y finalmente Altamira.

Mi padre Luis me ayudó financieramente en todo lo que yo quería estudiar y trabajar. Lamentablemente, murió mientras mi familia y yo estábamos en Los Ángeles, California haciendo los últimos estudios sobre cine.

Lo que más lamento es no haber tenido el tiempo de compartir, por más tiempo, su conversación y sabia experiencia.

C´est la vie! Et peut-être la mort?